啓發心靈 × 智慧結晶 × 行動指南

源、緣、圓

一位校長的生命與永續印記

U0141143

我們

呼吸落步	有幸成長在自由湧動的年代
打開視野	有機遇走在世界的地圖上
慈悲款待	致力推動 生命教育、環境永續、智慧創新
默語行禪	得此宇宙太虛的感召和真實體驗

林聰明（法名普清） 著

李嗣涔 臺灣大學前校長　　｜郭台銘 鴻海科技集團創辦人　　｜張善政 前行政院長、現任桃園市長

黃榮村 前考試院長、前教育部長　｜慈惠法師 南華大學董事長　　好評推薦（依姓名筆劃排序）

Contents 目錄

源：呼吸落地，成長在自由湧動的年代

成長在一個自由湧動的年代，當我將眼光從無邊無際的大海，轉向了通達八方的大道，該如何掌握命運的方向，開創自己的未來……。

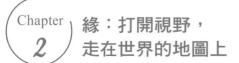

緣：打開視野，走在世界的地圖上

「夢想的路上，勇氣是最好的夥伴。」在某些艱難的時刻，我學會了不僅要追求自己的夢想，還要把善念與愛心傳遞給他人。

Chapter 3

圓：慈悲款待，獻給這個美好世界的禮物

這份教育的願景，實際上是獻給美好世界的禮物。它鼓勵我們珍惜當下，擁抱生命中的每一個瞬間。

Chapter 4

特別收錄：默語行禪，宇宙太虛的感召和真實體驗

遇到困惑與挑戰時，保持感恩的心，領受「逆增上緣」的法則，並從每一次的考驗中汲取智慧與力量，讓人生的每一刻都是成長的契機。

知福、惜福，累積生命的福報

　　林聰明校長的新書《源‧緣‧圓》是一部充滿智慧與啟發的自傳。

　　在書中，他分享了他在擔任不同教育崗位首長的工作及所實施教育理念。我有幸在他擔任雲林科技大學校長時因緣俱足結識了他，並受邀到雲科大進行了三次演講。

　　這三次演講的題目都是「突破科學的疆界」，講述我在培訓兒童手指識字的過程及科學上的驚人發現。

　　第一次是對老師們進行講座，第二次是對學生們舉行的演講，第三次則是針對學校職員的分享。顯然，林校長對這個題目非常感興趣，這些講座也得到了大家的熱烈回應與共鳴。

　　在演講前後的閒聊中，林校長透露了一些他個人打坐修為的秘密。他提到，自己在靜坐時能夠感受到他人身體的不適，並能夠透過發放外氣或意念來幫助朋友調理身體。

　　這種方法幾乎可以在很短的時間內幫助朋友減輕痛苦，恢復正常，讓我驚覺到我所面對的校長可不是普通人物，而類似是佛教中具有治病能力的高僧大德。

　　林校長的這些經歷與修為，不僅展現了他在學術領域的造詣，亦

展現了他對生命與健康的深刻理解和關懷。知福、惜福，累積生命的福報，將匯聚成強大的正向能量，造福萬事萬物。

我記得他在當教育部政務次長期間，就提倡每一個人隔一段時間應該就要素食，一次可以減少飼養動物所造成嚴重碳排放問題，可以降低氣候變遷的速度救地球，他並且用碳排放統計數據來證明他的理論。

當他擔任南華大學校長時，就推動大一學生要學習打坐禪修，讓每個新生在打坐時親自感受到內心的沉靜與安寧，心靜如水，思緒如風，讓學生學習到靜坐對思維寧靜、健康的功效。

他也推動佛光山星雲大師的「做好事」、「說好話」、「存好心」的三好的生命教育。三好，不僅僅是一句口號，而是一種引導行動的力量，能轉變一個人的態度與處世之道，讓每個心靈在陽光下茁壯，散發出溫暖與希望的光芒。

三年前我們再度結緣，他接掌了我們一群在 35 年前為了研究氣功而創立的「中華生命電磁科學學會」的理事長，領導我們繼續推展對生命有無窮變異及可能性的認知，這次通過《源‧緣‧圓》一書，讀者可以更深入地瞭解這位傑出校長的心路歷程，及其對人生的獨特見解，這本書必將成為愛好生命者們不可錯過的一本佳作。

李嗣涔
臺灣大學前校長

一位勇於實踐理想的教育領導者

在臺灣的教育界中林聰明校長，他的足跡橫跨了產官學界，充滿了挑戰與突破，翻開他的人生傳記《源‧緣‧圓》，不僅是回顧一段非凡的歷程，更是對一位教育工作者、領導者及社會推動者的真摯敬意。

多年前，當林聰明博士接掌雲林科技大學時，對於許多人來說，這所大學似乎還是處於相對低調的狀態，他以敏銳的洞察力和不拘泥於傳統的思維，帶領雲科大在產學合作、學校管理、學生發展等各方面創新突破。無論是國內外大型活動的策劃，還是學術成果的發表，林博士所領導的雲科大，無不逐步走向了世界的舞台，將這所坐落於臺灣偏遠雲林的學校，推向了國際的前沿。

之後，他在獲得星雲大師邀請後，選擇從教育部退休，轉而投身於南華大學的校長職位。他並非簡單的承接校務，而是帶領南華大學闖出一條屬於自己的新天地。從推動生命教育、環境永續，到智慧創新和三好校園，林博士不僅實現了教育的社會價值，並屢獲佳績。

初識聰明兄，是在 30 多年前，那時的我，還只是個中小企業主，忙碌於塑膠零件業的經營，常常以王永慶董事長為學習的標竿。記得

在 1989 年他擔任教育部技職司司長時，有機會聆聽了他的演講，也因為他曾經親自跟隨王董多年，讓我對於王永慶董事長的經營哲學和訣竅有所收益。我和他當年也一起探討過王董的經營理念和實務。他的書中，記錄了他多年來的學習與積累，也展現了他對事業、對人生的獨到見解。

我曾經告訴聰明兄，他在工作中所有的支出都可以報銷，但他卻從未向我提出過任何私人消費的報帳要求。這份對原則的堅守，讓我深深敬佩。這份質樸與誠懇，讓我更加相信，聰明兄的人生不僅僅是成功與成就，還是一份對內心誠實的堅持。

我們曾在美國洛杉磯相遇過一段難忘的時光。那天晚上，我去他下榻的飯店與他交流管理之道，一談便停不下來。夜深了，我們仍然躺在床上，討論著如何提升企業管理，暢談至天亮。那一刻，我們彼此的思想碰撞，如同火花四射，充滿了無限啟發。

在回饋社會方面，聰明兄也從未缺席。當鴻海成立「永齡基金會」以回饋社會、提升貧困地區教育時，他毫不猶豫地帶領自己的學生，投入到雲林地區學童的課後輔導工作中。這份無私的支持與奉獻，令人無比動容與難忘。

　　書中還涵蓋了許多心靈提升的內容，這是近年來，社會必須反思人生的真正意義，本書正是期許大家對這方面能有深刻的關懷與實踐。

郭台銘
鴻海科技集團創辦人

源、緣、圓，
寫實林校長的傳奇發展

我非常有幸，能於多年前就結識林聰明校長，這樣一位令人欽佩的傳奇人物。「源、緣、圓」這三個字，也最能寫實林聰明校長的傳奇發展。怎麼說呢？

林校長出生、生長於窮困的偏鄉但不為所困，能夠拚到出國留學拿學位，再返國服務。當年臺灣環境相對辛苦，許多臺灣留學生都留在美國發展，回臺的是少數。回臺灣，心裡多是有一股理想，和飲水思源的心。

林聰明校長在取得博士學位返臺後，未久即選擇到台塑工作，得以一窺台塑企業以及技職翹楚明志工專的理念，對於塑造林校長後來發展有很正面的影響。

後來再到政府任職，先是勞委會職訓局、後是教育部技職司司長、政務次長，無一不是投注在發展國內的職業訓練體系。

繼而林聰明擔任雲林科技大學校長，更能在第一線實踐他技職教育的理念，孕育不計其數的莘莘學子。雲林科技大學從當初默默無聞，到成為當今國內技職教育的典範，林聰明校長實功不可沒。這一路的發展，可以說是上天注定林校長與這些任職單位冥冥中的緣分。

　　林校長教育生涯的極致，可以說就是在最後接任佛光山的南華大學。林校長用深厚的佛學底蘊，透過南華大學的生命教育以及佛家潛移默化的精神，施展教育理念。

　　不論學生是否信奉佛教，言行都深受影響，從而培養悲天憫人與堅毅宏觀的人格。

　　林聰明校長近年非常專注於佛學，深度遠超乎常人。我與林校長多次交談，每次他都以他的親身體驗讓我深入淺出一窺其奧妙。

　　雖然他已經不再擔任校長，但我深知他會繼續在教育上有卓越的貢獻。只是這回教育的對象改為是社會上一般汲汲營營於事業、生活的眾生。以我近年投入的企業與公職而言，林校長以其透悟的體會，對我有太多的啟發，讓我學會不要執著於一時的喜怒哀樂，而要以更豁達的眼光看待身旁周遭所有的一切。

　　每個人此生在世上都有一定的功能角色，林校長的體驗告訴我，不同的「源、緣、圓」組合，就是每一個人的路途寫照。

張善政
桃園市長

林聰明校長的公務與靈修世界

推薦序／四

　　林校長是一位雲林台西討海人家出身的小孩，無視周圍環境的艱難，而且將這些轉化為成長的動力，堅毅向上低調向前。他在國外拿到博士學位後，因身為明志工專畢業生的特殊因緣與王永慶先生的邀約，加入台塑，嗣後任教臺科大、出任環保署（現為環境部）環境監測與廢棄物管理處處長、教育部技職司長、勞委會（現為勞動部）職訓局長、雲林科大校長，教育部常務及政務次長與南華大學校長，可謂資歷完整，學術與實務兼具，一步一腳印，終成為影響國內高等教育，尤其是在技職教育與技職人才培育的政策制訂及實際推動上，非常重要的指標性人物。

　　在他擔任公務首長與大學校長任上，我有幸與林校長至少有20年期間時相往來，深知他的為人處事勤毅誠樸，一字不假字字實踐，相信他周邊的同事與師生，對林校長如何真的做出這四個字的標竿作為，一定有更深的體會。

　　林校長也是一位身體力行的公務人員與教育人員典範，他將戮力從公與利他服務的精神發揮到極致，屢現出人在公門好修行的德行，同時帶動同仁時時提醒自己要當人民謙卑的僕人。擔任公務與大學首長，都是燒腦與不能時刻鬆懈的工作，但是林校長除了以身作則之外，

還能夠領導周圍同仁不自私的以公務與學校為念，而且是快樂的跟上來，一起成就大業，這才是真正令人佩服的地方。

大家近年來又發現了林校長另外一個更令人驚喜的靈修世界，以及他充滿人性溫暖與光輝的一面。在他遇到困惑及挫折時，不忘體會與實踐「逆增上緣」的法則，而且造訪名山行走體佛，體認到人間是最好的修行場，人人都可不假外求，只要有心護持善念，就可找到幸福的密碼，一路菩提花開。

林校長在書中娓娓道來，將一生中的成長經歷與時代轉變下的遭遇及因緣，說得歷歷如繪，最後回歸本性，一路打坐靈修發展正念，共謀家國與世界的和平及圓滿永續，可謂兼具知識分子、公務首長、與人生導師的角色，也正是本書書名《源・緣・圓》的本意。

林校長能在如此完整的歷練上，溯源說緣，寫下珍貴的回憶錄，來共享他一生有特色與感人的故事，而且鼓勵大家一起追求人生及大社會的圓滿，我就在這裡為林校長的新書出版，做點註腳，表達感動之意。

黃榮村
前考試院長、前教育部長

人間佛教的踐履者

　　自從林校長被星雲大師延攬到南華大學辦學，就與佛光山結下不解的善緣。

　　在近 12 年中，他為學校無怨無悔的付出，身為該校董事長的我，不但親睹大師對他的信任，對林校長在南華辦學的所作所為，我則是一句話：「校長！你辦事我放心。」

　　林校長在任時間，不僅辦學優異，在國內外獲得許多獎項的肯定，尤其在學術研究、生命教育及永續發展方面皆相當出色。

　　他一到學校就推動「蔬食 30 吃到飽」，希望大家以蔬食救可貴且唯一的地球，顯見「大體同悲」的菩提心。另外推動生命教育，得到教育部相當的肯定，將國家生命教育中心設立於南華大學，其中臺灣「生命教育意象館」，讓全國師生都能夠前來學習體驗。

　　對生命教育的努力及創意，讓校長得到教育頒發的終身奉獻獎；也因為致力推動環保相關的議題，受到環境部跟國家相當的肯定，所以不但他個人得到聯合國環境永續發展英雄獎的殊榮，南華大學更躋身世界百大綠色大學，由於他的出色表現，近年來南華大學明顯地被社會看見與肯定，在招生方面也有穩定且有長足的提升。

值得一提的是，校長個人在佛法及禪修上也精進不已，上任後就積極推動正念靜坐的必修課程，幾年下來科學數據顯示，對學生的學習及身心安定有可觀的幫助。

因為校長是位虔誠佛弟子，跟大師在佛法及學校管理有不少的對話，這是很難得的。

大師很喜歡也鼓勵林校長請教他佛學相關問題，然後就是一場心靈的交會與共鳴，身受大師的身教與言教影響，校長在推動大師三好四給的人間佛教上不餘遺力，幾乎所有南華主辦的活動，由於校長鉅細靡遺的規劃能力，加上他個人的涵養，事後都獲得好評，我也常從信徒口中聽到對南華大學讚譽有加，百萬人興學能有如此成果，證明大師對領導人的抉擇是明智的！

大師一生重視教育在全球設立了五所大學，南華大學也常透過各種形式的展覽，讓師生們深入瞭解星雲大師畢生致力推動人間佛教、辦教育培養人才的慈心悲願，並能秉持感恩之心，學習大師無私奉獻的精神。林校長的用心佛光山看到了，感謝林校長率領教學及行政團隊一同精進努力，展現出優異的辦學成果。

林校長對南華大學身心全部的投入，才能使得南華大學有今天的成果，這個裡頭我清楚的感受到，他是帶著人間佛教行道者的精神在辦學，雖然現在退休了，但是他還是會對三好四給的生命教育繼續努力。他可以說是實踐人間佛教的行道菩薩。

校長將他的歷練寫成《源‧緣‧圓》一書，這是他個人一生生命

與永續經營的印記,真心希望與有緣的朋友分享,尤其是想讓年輕的一輩,以三好四給的精神「時時正念思考,凡事歷事練心」,最後祈盼大家一生惜福感恩,一路菩提花開。

慈惠法師
南華大學董事長

歷事練心，感恩圖報

《源‧緣‧圓》是敘述我個人生命與永續印記的一本書。

過去我生長的是雲林縣台西鄉，是滿目土石的貧瘠土地，夏日艷陽熾盛，冬季海風呼嘯，令人畏懼。由於土地貧瘠，難以耕種，鄉民多半只能靠海維生，俯求變化莫測的海洋，賜予生活所需的食物。

記得童年的時期，一心只想安然度過每一個難以溫飽的日子，想著如何撿拾務農人家掉落路邊的蕃薯籤，增添一些飢餓腸肚的容量；想著如何到海中的蚵田捕撈蚵仔，為漁獲欠豐的父親增添些許收益。在這種環境下生長的我，根本不曾想過有一天可以脫離貧窮的生活，可以在國內外學到豐富的學問，可以在大企業及數個中央政府機關來服務人群，可以在學校教化學子，可以備受肯定獲頒許多獎項，可以隨緣地過著有意義的日子。

回顧這 70 多年來的生命，我不斷地正向思考並隨時保持感恩的心！懂得感恩，讓我學習更為認真，工作更是努力，並時時能夠關注到別人的需求，使得所承擔的任務和規劃執行，更加完善與周延。

我感恩在過往的生命裡，所有接觸到的長官、老師、同事、同學以及民眾，和所有那些生命的亮點，個人認為都是源自於對生命的感

恩，而且盡心努力去學習與承擔的結果。當然這 70 餘載光陰，必然是從童年開始，由每一個平常的日子、尋常的心念以及日常的行動，累積與堆砌出來的樣貌。這些看似尋常的生命瀑流，順著心緒流淌的某種神奇意念，進而匯聚和豐富了我的生命與際遇。

根據我個人的一生體驗，生命是一個不斷連續發展的過程。這些所有超越的當下，以及氣勢磅礴的生命經驗的呈現，其實都是來自生命伊始，便一點一滴累積起來的，也就是說，所走的每一步都是建構在前一步之上。如果不是過去一步一步累積生命的正向歷練，是無法成就今日的信念以及對社會的回饋。

個人後來也因為種種因素，接觸了各方面的宗教，體悟到：萬物的本源都是由訊息波所組成。一個人的起心動念，真的會影響到虛空中訊息波的結構，因此隨時隨地希望大家能夠釋放善意的信念，喚起更多的正向思維。

這本書的內容，只是我個人的一些善心思維的真誠表露，與生活形式的點點滴滴的描繪。畢竟正面的思維，積極的作為，並且常常懷感恩的心，擁有此三大能力，才是開啟卓越人生的金鑰匙。

在這本書付梓前，我必須感謝很多人。首先是幾位推薦者包括：前臺大校長李嗣涔博士、鴻海科技集團創辦人郭台銘先生、前行政院長暨現任桃園市市長張善政博士、前考試院院長暨前教育部部長黃榮村博士，以及我的長官慈惠師父也是目前南華大學的董事長。他們過去對於我的指導，永銘在心，他們的美言和期許，豐潤本書的內容。

我也感恩曾經一起胼手、共同奮鬥的很多的老同事，包括：環保署（現為環境部）、教育部、臺科大、雲科大、南華大學、勞委會（現為勞動部）職業訓練局的很多同仁等，大家的幫忙跟協助，得以加快出版的腳步。

感謝我昔日擔任南華大學校長時的大作家丘引小姐，她特別從美國打電話來訪問我的一些人生歷程與課題，成為撰寫本書的重要文稿和底氣；感謝我辦公室同事林冠儀小姐、秘書室劉家均組長、生命教育中心林堂馨執行長，他們協助提供很多的資料；更感謝前元智大學專門委員蔡玉鈴女士、往昔老朋友陳月文女士、前南華大學人事室洪添福主任等人，鼎力支持並審慎地協助文字校稿工作。

本書同時收藏與展現內人的書法墨色，她的作品展現，襯托與豐富此書的價值和內涵，也使得佛學的重要參考文句更加生動傳神，真的非常感謝！想要感謝的人實在太多了，無法一一列舉，只好謝天吧！

本書發行的目的，是希望能夠拋磚引玉，引起各界關懷的心情，喚起更多的回響來幫助青年學子建立正確的人生觀。囿於有限的作業時間，本書構思難免有欠周詳，至祈不吝指教，也期盼這本書能夠引起更多的共鳴，讓「源、緣、圓」串起更多人的美好人生。

林聰明
2024年12月8日

源：呼吸落地.
成長在自由湧動的年代

　　大海的廣袤浩瀚與深不可測，讓童年玩伴們從此
沒了父親、失去兄弟，使我第一次感受到「無常」的
可敬與可怕。

　　成長在一個自由湧動的年代，當我將眼光從無邊
無際的大海，轉向了通達八方的大道，該如何掌握命
運的方向，開創自己的未來……。

1-1

受大海眷顧的孩子

討海人家的孩子，可以說是由這片大海教養長大，不只是要嫻熟於這門捉魚技藝，還得在變化萬千的大海中鍛鍊出生存意志……。

「**讀書好？還是討海好？**」大哥不只一次這樣對我說。

這句話像是潮汐節律不斷拍打著胸口，每個仰躺在床上的夜裡，任由翻來覆去的思緒將我淹沒，恍惚間，彷彿化身為魚，游進大海的溫暖懷抱之中……。

看天吃飯的討海人

那是一個尋常的午後，捲起褲管的我，赤足踏在海岸邊，專注採收成熟的牡蠣，心想要是能撿滿一籮筐的蚵仔該有多好，幸運的話，也許還有機會在明日便當裡帶上兩顆，揣著這份小心思，一不留神走進深水區，海水逐漸漫淹到大腿根部。

隨著逐漸隱沒山頭的太陽，不一會兒翻起有三、四層樓高的海浪，向我打來。

「呀──」抽腿時滑了一跤，瞬間跌落大海之中，還不忘抱緊籮筐。

「快！去把弟弟扶起來。」大姊在另一頭叫喚著。

「我沒事喔──」海面瞬間浮現大片血色，原來胸口早已被銳利的牡蠣邊緣劃出好大一條傷口。大哥抱起我往岸上走，回過神後，一陣撕裂痛感竄上腦門，這股刺痛令人下意識緊咬牙根。

「讀書好？還是討海好？」耳邊再次響起哥哥說的那句話。

「查埔囝要卡巴結耶！」在雲林縣台西鄉海口村設籍落戶的祖父

輩，以捕漁為業，這群看天吃飯的討海人，對於大自然始終懷有敬畏之情，只要不危及性命，受點小傷乃家常便飯，漁獲是更重要的事情，攸關一家子生計。

這群受大海眷顧的子民們，
內心有一份感恩於大海的共同體認。

記得也是一個颱風夜，20 幾名出海捕魚的海口村漁民，因為台西燈塔故障誤駛至他鄉，遇上漩渦，幾艘竹筏被漫天捲起好幾層樓高的海浪打翻，從此縱身大浪中，沒有生還者。

雨過，天放晴，望著此刻風平浪靜的海平面，彷彿一切都沒有發生過。招魂的幡旗在法師的手上晃動起來，引領家屬呼喚著至親的名字：「阿爸，卡緊返來咧！」伴隨著搖鈴聲迴盪在天際邊。

陰陽兩隔，像一道隱形的牆劃開天地蒼穹，從此走向不同的路。倚立海上的人們漸漸收起眼淚，理解到家人是喚不回來了。潮浪拍岸，時隱時現，傷痛在心上刻下痕跡，但海猶在，生活必須繼續往前。

大海的廣袤浩瀚與深不可測，讓一些童年玩伴們從此沒了父親、失去兄弟，也使我第一次深刻感受到「無常」的可敬與可怕。

討海人家的孩子，可以說是由這片大海教養長大，不只是要嫻熟這門捉魚技藝，還得在變化萬千的大海中鍛鍊出生存意志。大海在無

形之中教會了我善解人間事。

老天爺給的第二條命

父母輩身處在 1949 動盪的年代，百廢待興，百工待起，士農工商都是正務。然而，代代相傳的漁業無疑是風險高、工時長、收入少的經濟弱勢。

出海打魚比的是實力，還有運氣，不是每回都有滿載的漁獲，遇到惡劣天氣，一來顧及生命安全，二來避免風浪打壞竹筏，父親只能望洋興嘆，轉頭面對空蕩蕩的餐桌搖頭。我們家當時一度面臨斷炊的命運，別說吃飽了，有得吃已經是萬分幸福的事了。

巧婦難為無米之炊。母親為了一家人的肚子，只好厚著臉皮向巷尾的小商舖賒帳，預支了白米、醬油和小魚乾，到了月底若還是沒有漁獲收入，只好典當家中物件來歸還賒債。

小時候，閃爍晶瑩光澤、冒著蒸騰熱氣的白米飯可是相當珍貴的畫面，一年到頭餐桌上看不到幾回，稀罕得很，更別說裝進便當盒了。

猶記初中時不敢在班上吃便當，怕打開時過於寒酸會引來一陣調笑，比起同齡孩子還是過於瘦小的我，或許是自尊心作祟，只好一個人躲在樹下品嘗，夏天跟停滿枝頭的蟬仔比聲量，秋天則有滿地落葉與我沙沙作伴，偶爾還會看到幾隻蹦躂的螞蚱。

蕃薯和花生是當時台西鄉民的主食之一，種田人家會將收成的蕃薯刨成絲，鋪在地上曬乾後，就是俗稱的蕃薯籤了！我會拿著麻袋沿

街撿拾被風吹落的蕃薯籤和花生米，回家煮成美味的一餐。因為走過這些歷程，自小養成了我們這群孩子珍惜食物、減少浪費的美德。

家中原有五男五女，其中三個哥哥、兩個姊姊在兩三歲相繼夭折，排行老么的我，同樣在兩歲多的時候，差點步上這條殞命的後塵，起因都是營養不良。

「老天爺，如果能讓明益（哥哥取的偏名）順利長大，將來他要是結婚時，我一定熱熱鬧鬧請戲班演大戲來酬謝神佛的庇佑！」當時焦急的母親淌著淚水，喊著我的小名，虔誠跪地向上天許願。

金剛怒目以降伏惡人，菩薩低眉以攝護善人，也許是上蒼不忍看一名婦人連續喪子而大發慈悲，終於在媽媽虔心祈禱和悉心照料之下，使我順利度過災厄，有了重生的機會。對親恩、對天恩，至今感念不已。

至親護持，魚族捨身成全

「魚來了，趕快收網——」12月入冬最強的寒流來襲，剛好迎來烏魚的豐收季節，然而父親返航時碰巧遇上退潮，竹筏無法入港，只好轉往另一頭靠岸，耽擱了一些時間，所幸平安歸來，有驚無險。

港區長年的積淤問題，已成漁民心頭最大的隱患。

長年在海上工作，不時遭受烈日曝曬或寒風大浪的侵襲，練就了討海人一身絕技，粗礦黝黑的肌膚交融著汗水和海水，在陽光的照射下晶晶發亮，眼神更是異常銳利，注視著海面上的動靜，不放過一絲

一縷。

　　家中男丁剩下大哥和我，大哥小學畢業開始跟著爸爸出海捕魚，三個姊姊從未上過學，從小到處打零工貼補家用，當我長大到可以分擔工作時，便跟著父兄一同出海，或學著手足在海中插蚵架、採收成熟的牡蠣，希望為這個家出一份力。

　　「好好讀冊，以後出人頭地！」那次胸口被牡蠣劃傷之後，哥哥就大力勸勉我用功讀書，同時說服了父親，同意讓我繼續升學。

　　「讀書和捕魚沒有哪個好、哪個不好。父輩捕魚，才能夠養大我們一家老小，免受飢寒之苦。接受教育，進而翻轉生命，不只能改善家計，幫助家人脫離貧困，還能幫助更多需要幫助的人……。」我在內心這樣對自己說。

　　「說也奇怪，每次到了繳交學期註冊費的時候，運氣就特別好，捕到的漁獲都足夠來支付費用呢！」一向嚴肅的父親，用他長滿厚繭的大手慈愛地摸了摸我的頭。

　　順利考上虎尾中學以後，爸爸不再擔心我的註冊費了，因為他知道，海中魚族願意共同幫助么兒的上學路。這群受大海眷顧的子民們，內心有一份感恩於大海的共同體認。

　　「我要連哥哥姊姊們的書一起讀，把他們的份都讀進去！」當時的我沒有想得那麼深遠，只是內心湧起一股堅定的力量，深深感謝這份犧牲與成全，期勉自己做好事、說好話、存好心，不辜負至親和魚族的付出。

　　直至後來讀到《增壹阿含經》乍然醒悟：「諸佛世尊，成大慈悲，以大悲力，弘益眾生。」星雲大師講經：「慈悲是諸佛菩薩度眾不倦的原動力，人人若能以慈悲相待，則愛如冬陽，可以溶化冰雪寒霜，可以激發人性的真善美，愛實不失為一種鼓勵向上的力量。」

　　原來是這一切因緣引領向上的道路，是為我未來推動生命教育、環境永續、智慧創新，以及三好校園，所撒下的慈悲種子！

與星雲大師合影。

生命教育
環境永續
智慧創新
三好校園

1-2

人生的第一雙鞋

應試學生除了服裝儀容整潔之外，還要穿鞋子⋯⋯。

一直以來，根本不知道穿鞋子是什麼感覺，學校的規定讓我不得不正視無鞋可穿的窘境。

由於決定繼續升學的時間有些晚了，此時的我
已是小六下學期，其他同學在小五上學期就開始補習，我比其他人整整晚了三個學期。

因此轉入升學班就讀後，課業有些跟不上，學校要求每科分數都要 90 分以上，少一分打一下，起初挨打了好幾回，強忍著這份紮紮實實的疼痛，惕勵自己加緊用功，全力衝刺初級中學（即現在的國中）入學考試。

赤足上學，一步一腳印

身為班導的丁心苹老師有著慈母心腸，待人處事宅心仁厚，看著我被數學男老師打得發紅的手心，感到十分不忍心。但因為讀書是自己的選擇，還有家人們的成全和包容、老師的求好心切，我怎能輕易喊痛，把手心捂熱後，便趕緊埋頭練習，數不清熬過多少個不眠的夜晚，記不得走過多少次清晨出發的石頭路。

3 個月後，終於迎頭趕上，這份辛勤的成果展現在試卷分數上，老師用讚賞取代了鞭打，最終獲准加入第一志願虎尾中學的考試行列。

然而，應試學生除了服裝儀容整潔之外，還要穿鞋子。一直以來，根本不知道穿鞋子是什麼感覺，學校的規定讓我不得不正視「無鞋可穿」的窘境……。

「我不穿鞋子！」儘管心中難堪不已，為了不增加家中負擔，我鼓起勇氣向丁老師表明。

　　土地貧瘠的台西鄉，尤其是 60 幾年前，路面蜿蜒曲折，到處佈滿大大小小的碎石子，夏日烈焰照得石塊冒煙發燙，冬天則凍得路面堅硬濕滑，伴隨強烈的東北季風，還得經常遭受揚塵的侵襲。

　　走在每天必經的上學路，最喜歡踩在柔軟的草地上了，如果沒有草皮，就會盡量避開顯見的大石頭，小心地跳躍前進，仍不免被一些尖銳的稜角刮得腳底破皮、滲血。

　　但我不以為苦，秉持一步一腳印的精神，相信這條赤足向學路，能夠引領我走向踏實的未來。

> 秉持一步一腳印的精神，
> 相信這條赤足向學路，
> 能夠引領我走向踏實的未來。

內人與丁心莘老師合影。

從不言明的愛，在日常中顯露

幾天後，爸爸無意間得知這個穿鞋規定，到處打聽詢問後，從為數不多的家用中硬是擠出一筆費用，為我買了一雙海岸巡防部隊軍人便宜釋出的大頭軍鞋。

「謝謝爸爸！」當一雙嶄新燦亮的皮鞋擺在我面前時，內心湧上了無限感動，父親從不言明的愛，總在我有需要時毫不吝嗇地給予。

「兒子，趕快試試看！」我試著提起人生中的第一雙鞋，原來重量這麼沉，突然望著長長鞋帶和兩排整齊小孔發起楞來，轉頭看向家人，他們也都不知道該怎麼處理……。

終於到了應考當天，還是無法解開鞋子的秘密，只好揹起書包、扛起這雙大頭軍鞋，邁著輕盈的腳步往校園出發。

「鞋子怎麼沒有穿起來呢？」班導丁老師在校門口看著我遠遠走來，慈愛地說。我不自覺地搔搔頭，報以一個傻笑。丁老師似乎意會到了什麼，突然拿過我的鞋子，蹲下來幫我繫鞋帶。

「來，穿穿看！」瞬間有股暖流湧入心頭，原來這就是穿鞋子的感覺，萬般滋味點滴在心，充滿無限感激……。不久，就迎來放榜的日子。

「整個台西鄉只有七、八個學生考上虎尾中學，我阿弟是其中一個！」

天猶未亮，父兄一同邁出家門。儘管有睡意，大哥嘴角仍藏不住喜悅，才走到港口對街就向眾人吆喝起來。

「你弟弟明益真厲害，我們討海人不能漏氣，今日也要滿載而歸！」大夥們似乎受到感染，出海的士氣瞬間激昂起來。

初昇的金色曙光像一張細網，從天空緩緩灑下，海面被映照得波光粼粼，幾艘竹筏閃著銀白色的光芒，一路向遠方破浪而進。

「欲呷好魚，著近水堀。」一向沉默的父親冷不防說了這樣一句俚語：「欲納冊錢，望魚牽成！」然後老練地拋出漁網，在空中化成一道美麗的弧線，頃刻沒入水中。

竹筏，就在海天之間飄蕩著，等待願者上鉤。

父輩們赤手空拳在茫茫大海上拚搏，現在的我不再打赤腳了，腳下穿著大家給予的愛與關懷，在求知若渴的道路上，繼續奮發用功。

初昇的金色曙光像一張細網，
從天空緩緩灑下，
海面被映照得波光粼粼。

火車來去，起早貪黑向學路

升上中學後，因為距離較遠的關係，每天清晨四點鐘天猶未亮就要起床，簡單梳洗後帶上書包、便當，趕搭五點鐘從台西駛往虎尾的台糖小火車，大約七點十分抵達車站，還要步行一段路，到學校已經

是七點半，真是片刻耽擱不得。

　　熱心的鄰居們知道情況，如果在該起床的時間，還沒聽到我的動靜，就會過來敲敲門，以免延誤上課時間。

　　火車站大廳裡有兩、三個學生，以及幾位帶著竹簍趕集的村民。

　　「嗚──嗚──哐噹，欽鏘──欽鏘──欽鏘──。」火車進站響起的鳴笛聲，彷彿在督促著我，切勿停下學習的腳步，內心也隨著一路前行的火車燃起滿腔熱血。火車來去，乘載了多少年輕孩子的向學夢。

　　每天搭車上下課就要花費整整五個小時，我利用時間在火車上溫習功課，這樣就不會虛度光陰。然而，放學回家是截然不同的場景和心情。

　　小火車從虎尾回到台西站通常是晚上七點多了，因為鄉下馬路沒有路燈照明，往往眼前一片漆黑，伸手不見五指，走在木麻黃築起的防風林外邊，伴隨冷風颼颼地吹拂，慘淡的月光下樹影搖動，草叢深處似乎有不明窸窣聲，突然一隻野狗倏忽地竄出來，背脊瞬間就涼了一大片。

> **內心隨著一路前行的火車燃起滿腔熱血，**
> **火車來去，**
> **乘載了多少年輕孩子的向學夢。**

因為年紀尚小，腦海中自然浮現民間傳說的鬼怪故事，嚇得我腳步越走越急，越急就越發毛，索性就一路快跑回家了。回想這段披星戴月的通勤與練膽量時光，可說既充實又有趣。

就讀第一志願虎尾中學的學生，多半是小康的家庭，從小一路栽培上來的小孩，貧苦人家的孩子能夠讀到小學畢業已經是很不錯的事了。因此，像我這樣出身寒微的學子，在學校裡可說是比較稀有，更加提醒了我不能辜負家人和師長的苦心，一定要加倍用功。

每到午餐時刻，儘管只有蕃薯籤和幾粒白米飯，也從不以為苦，過程遇到的種種艱辛，都絲毫不減一心向學的意志。

> 儘管午餐只有蕃薯籤和幾粒白米飯，
> 都絲毫不減一心向學的意志。

家庭變故，重新思考求學方向

「雖然媽媽過世了，以後哥哥會多多看顧你！」大哥對我說。

初二時，母親驟然離世，當大家還沉浸在悲傷情緒中，父親和姊姊們就開始張羅起大哥的婚禮了。

俗話說：「父母之命，媒妁之言。」因為民間習俗家中長輩過世，晚輩需趕在百日之內完婚，否則就要在服喪期之後，才能進行婚嫁。於是，哥哥便與來自四湖鄉的嫂子結下了親緣，而兩人的初次見面，

剛好也是結婚當天⋯⋯。

　　從此家中就多了一名賢慧的大嫂，代替母親照料起生活大小事，守護著我們一家子。

　　卻也是在這個時期，家中生計越來越艱難，清貧的小日子難以為繼，更別說湊出註冊費了，讓我一度陷入讀書或工作的兩難。

　　「之後要不要報考軍校呢？」班導蔣周發先生是位認真負責的好老師，他就像是父親看顧孩子一般，不只留意每個學生的學習狀況，還會關心我們的家庭問題，給予實際的協助。

　　當他瞭解到我的處境之後，曾這樣對我說：「許多歷史上的偉人和頂尖企業家都是在貧苦中茁壯長大，靠著不懈努力改變了自身命運，老師相信你有這份潛質，千萬不要灰心喪志喔！」

　　因為公費的軍校，可以不用負擔學費，每個月還有讀書津貼，未來也會有工作保障，確實是一個蠻好的選擇。

　　面對導師的建議與關懷，實在銘感於心，使我認真思考未來求學的方向，然而我的左眼患有弱視，喪失了報考資格，這項提議只好作罷。

　　「阿叔仔，學費的事不用操心，你只管安心讀書，將來學有所成，回饋社會！」大嫂知道後，二話不說把嫁妝拿去變賣現金，交給我繳學費，總算解決了當下困境。我只能以好成績回報大嫂的這份恩情。

　　升上初三後，由於每天通勤要花上五個多小時，為了更加專心讀書，便與幾個要好的同學合租一個小房子，全力備戰高中考試，最終

如願直升虎尾中學高中部，更以第一名的成績申請到獎學金。

　　高一下學期，聽聞臺北有一家新學校——明志工業專科學校，打著「半工半讀、住宿免費」的宣傳口號正在招生，吸引不少成績可達建中、附中的高材生報考，成為當年入學門檻最高的專科學校。

　　若是考上明志工專，除了學雜費減免、工讀津貼抵免伙食費，還可免費住校，不讓家人們時常為我的學費而煞費苦心。

　　記得讀過創辦人王永慶的生平故事，為人勤樸而認真，在在激勵著我。15 歲時的他由米店學徒做起，一路經營米店、成立企業，憑藉著獨到的經營智慧、管理哲學和商業眼光，已是臺灣的「塑膠大王」、「經營之神」，在他事業成功之後，不忘回饋社會、創辦學校、捐贈校舍，以扶持清寒學生……。

　　於是，我斷然放棄已經讀了一年的高中學業，前往報考，最終在一萬多名考生的競爭之下脫穎而出，有幸成為 250 名錄取員額中的一位，期盼自己能夠站在巨人的肩膀上，迎向生命中的美好契機。

班導蔣周發先生是位認真負責的好老師，像個父親看顧每個學生。

「嗚──嗚──」當火車的嗚嗚聲再次響起時，我就要負笈北上，正式告別這個養育我長大、帶給我無限溫暖的台西鄉，一個個記憶中熟悉的臉龐，在玻璃窗上清楚地顯影出來，猶如電影放映般一格一格地快速閃動著。

一個個記憶中熟悉的臉龐，

在玻璃窗上清楚地顯影出來，

猶如電影放映般一格一格地快速閃動著。

1-3

孤鳥單飛，勇敢追大夢

透過實習和體認，在日常生活中處處用心、處處留心，讓自己累積滿滿的收穫。

當振翅翱翔的機翼，劃過白雲騰飛的青空，我知道我不再是一隻孤鳥，夢想就在我的腳下，這份愛的行囊，將一路相隨……。

「**將來我也要上台領獎學金！**」明志工專是五年制專科學制，學校設有成績優異的獎勵制度，看著台上領獎的學長們，內心這樣告訴自己。

當時的我是第二屆招生入學，學校尚處於草創時期，為了讓學生在課業和實務中相互學習，學制的安排因時制宜，富有彈性和變化：一年級採取早上工作、下午上課；二年級為三天上課，三天工作；三年級調整為四天上課，兩天工作。

讀書專心，實習用心，細節留心

明志工專位處新北市泰山區，距離熱鬧繁華的市中心較遠，加上當時交通不發達，很多人認為相當不方便。

對於我而言，少了外在的誘惑與干擾，反而可以無後顧之憂地專心讀書和用心工作，努力學習並精進自我，忙碌又充實的校園生活，根本無暇胡思亂想。

因為學校固定供應三餐，讓我每天都能吃到充足的白米飯和青菜，攝取到均衡的營養，使得健康獲得改善，體能也越來越好了。

明志工專算是很早落實產學合作的學校，提供學生累積第一線實務操作經驗，清寒子弟可以將工讀津貼抵免伙食費，安心就學，不只培養興趣和志向，還能奠定日後就業發展的深厚根基，其中配合的實習單位無所不包，像是紡紗的紡織工廠、切割金屬和開發模具的鐵工廠、製作氣球的高週波工廠等等。

而我在專一、專二時被分配到原子筆工廠，全力投入組裝的生產線，系統化的固定操作模式，只要照著做就萬無一失。

我卻從中思索組裝效益，發覺魔鬼就藏在細節裡，嘗試不同的配裝方式，協調筆桿、筆芯、雙手的連續動作，進而優化整體作業流程。

「這位同學很能夠舉一反三，很不錯！」老師不吝嗇的讚美無疑是最大的鼓勵，透過每份實習和體認，在日常生活中處處用心、處處留心，讓自己累積滿滿的收穫。

> 努力學習並精進自我，
> 忙碌又充實的校園生活，
> 根本無暇胡思亂想。

天天跑山，體力和意志的自我鍛鍊

早晨的空氣非常清新，踏著輕盈的腳步，伴隨著「吸——吐——吸——吐——」有韻律的呼吸和節奏，不只增強了我的心肺功能，還讓體魄漸漸變得強壯起來。

山路往返大約 5,000 多公尺，一趟下來感受到身心無比的暢快，回到宿舍時，每個人臉上和身上無不汗水淋漓，盥洗完後剛好接著上課或實習工作，依然精神奕奕。

學校每年舉辦萬米賽跑，為了爭取班上的榮譽，我們日日訓練、

時時備戰，最後總能名列前茅，同儕之間的情誼也更加緊密與深刻。

當時的我擔任副衛生股長，我不只留意教室的整潔，還留意到一些容易忽略的小地方，像是黑板、黑板溝、垃圾桶周圍的清潔，務求一塵不染，因為我們每天在教室的時間很長，若是環境不乾淨、不衛生，也會直接影響到學習和健康。

「只要有聰明在，基本上教室就會乾淨整潔啊！」導師笑著說。因為對於細節的講究，讓我被教官賦予擔任宿舍隊長的任務，認為只要由我負責宿舍管理，他們就能輕鬆許多！

為了不負所托，我將學校習得的管理知能應用於宿舍上，也感謝同學們的大力配合，共同提升住的品質。

慢慢地，工業管理科鄭武經主任也注意到我這個學生，特意找我聊天，認為這份負責任的處事態度非常難得，給予諸多勉勵和嘉許。

鄭主任與家父合影。

早晨的空氣非常清新，

踏著輕盈的腳步，

伴隨有韻律的呼吸和節奏，

身心感受到無比的暢快。

擔任圖書館員，點亮薪火傳承

一路升到專四時，發現對於知識的好奇與渴求，與日俱增，亟欲從書本找尋更多的解答，若是能夠利用工讀時間在圖書館工作，就能浸淫書海，悠游於浩瀚無垠的寶庫。

因此毛遂自薦，敲了館長的辦公室大門。館長對我微笑，並沒有當場回覆。

後來得知，他特意電詢了我的導師，想要瞭解我這位眼神溫和卻篤定、充滿熱忱的年輕學子，在學習上的狀況和品行，確認都得到良好的答覆，而開啟這個美好的書香緣分。

在我擔任館員期間，發現到借還書的流程並不順暢，不只影響同學們借書意願，也常常有圖書到期、延誤歸還的情形，因此我從管理層面和實際需求出發，重新設計了借閱表格和流程，提交給館長過目。館長覺得給人方便的流程設計相當不錯，便欣然採用，大大提升了圖書流通與借閱率。

當時圖書館只在白天開放，但學生白天要上課或工讀，到了晚上

得空時卻大門深鎖，只能望書興嘆。

內心在想，如果夜晚也能夠開放，學生不就多一處溫書的好去處，讓校園充滿書香？

「請問館長，圖書館是否能在晚上開放？」我試探地問著。

「我們學校沒有編列晚上的工讀費，所以暫時無法開放喔！」館長說。

「只要館長同意，我願意擔任圖書館義工，自願在夜間留守，為同學們服務！」我說。

館長微笑地點點頭，看我這番鼓舞同學上進的心意，欣然同意了。

圖書帶來生命啟發，閱讀使人增長智慧。此後，到了夜晚的圖書館依然燈火通明，每個人都可以是文化薪火的傳燈人，不只照亮自己，也照亮了別人。

> 每個人都可以是文化薪火的傳燈人，
> 不只照亮自己，也照亮了別人。

戰勝恐懼，迎來生命的蛻變

在我擔任圖書館員的期間，開始大量涉略各類型的作品，偉人傳記經常是我案上的愛書，其中海倫・凱勒（Helen Keller）的生命故事

深深激勵著我⋯⋯。

兒時的我經常找不到東西，最後發現就在前方的桌子或不遠處的櫃子上，而被哥哥用閩南語責罵：「瞇目，有看毋著！」上學時也常看不清黑板上的字，當時覺得奇怪，但並不以為意，直到 20 幾歲有機會做健康檢查，才發現這是一種眼科疾病──弱視，因為拖過了治療的黃金期，導致了左眼弱視將伴隨我的一生。

但我從未自卑，反而更加努力，留意做事的細節，加強自身的觀察力和敏銳度，用以彌補視力的侷限。

> 海倫‧凱勒藉著不服輸、不自棄的積極心態，
> 　　一步步走出那個曾經無光、
> 　　無聲又無語的封閉世界，
> 　迎向了生命的光明，在在激勵著我。

而幼時的海倫‧凱勒在一次疾病中失去了視力和聽力，成了又盲又聾又啞的人，一度受困於絕望和憤怒之中，在恩師蘇利文（Sullivan）的循循善誘之下，她開始試著用手摸索物品的形狀，透過手指遊戲學習拼音、盲文字母卡片學習閱讀，再到感受舌頭與嘴唇的蠕動而能夠開口說話，讓她開啟了練習各國語言的渴求，展開更高遠的追求，後來還就讀哈佛大學拉德克利夫學院，以驚人的毅力完成學業，成為第一個獲得文學學士學位的聾盲人士！

海倫·凱勒曾說：「我只看我擁有，不看我沒有的。」、「信心是命運的主宰。」、「面對光明，陰影就在我們身後。」因此，當我看到海倫·凱勒藉著不服輸、不自棄的積極心態，一步步走出那個曾經無光、無聲又無語的封閉世界，迎向了生命的光明，在在激勵著我。

除此之外，她自小便害怕一身毛茸茸的貓咪，特別是接觸到貓毛就會全身起雞皮疙瘩，開始感到心情煩躁、皮膚發癢、搔抓不停。她為了克服對貓毛的極度害怕，就在自己的房間到處佈置毛茸茸的裝飾和物品，直到身體慢慢地習慣並再也不會起任何反應，真正克服了內心的恐懼！

這也讓我正視自己的怯懦，因為很少跟女性朋友接觸，不知道該如何與她們互動，一見到女生就會感到十分害羞而滿臉通紅、手忙腳亂，還常常搭不上一句話，影響著正常的人際交往。

「越害怕就越要嘗試！」因此，我勇敢跨出改變的第一步，加入了學校的土風舞社團，強迫自己近距離地和女生接觸，還要面對面、手拉手、摟著腰一起跳舞。漸漸地，我開始克服了羞怯，面對女生也不再臉紅，而能夠落落大方且侃侃而談。

「也許現在還看不到未來會變成什麼樣，但我知道唯有正視當下問題，好好努力，盡力達成眼前的目標才能蛻變。」我常這樣對自己信心喊話。

如今想來，一次次的突破和轉化，使我一步步迎來生命的蛻變，這真的是勇氣、信念、毅力與行動所展現出的力量。

> 一次次的突破和轉化，
>
> 一步步迎來生命的蛻變。

擔任助教，化危機為契機

「目前科主任正在進行的論文主題，我覺得非常特別，像是⋯⋯。」我與同事聊天，談及科主任的論文內容。怎料，被迎面而來的科主任聽見，見他面容異常嚴肅地把我叫進辦公室。

那時，我擔任工業管理科鄭武經主任的全職助理助教，因為經常在辦公室處理交辦事務，科主任也樂於與我分享目前研究計畫、作業進度，我也時常思考如何更加精進自我，可以適時幫上一點忙。

「聰明同學，你知道剛才做錯什麼事嗎？」科主任慍色問。

「願聽科主任教誨⋯⋯。」滿面歉疚的我，腦海中轉了好幾圈，一時之間不知該說些什麼。

經過說明之後，才知道自己太過粗心，因為論文尚未對外公開，也還沒正式發表，若是題目或內容被有心人士搶先發表，這份研究心血不就白費了！

這是我行事的失職，過於大意而沒有觀顧到細節層面，要是科主任想要有所責罰，我都全盤接受，倚立桌邊，低頭默默反省著。

「科主任，我們要不要去散散步？」大約兩小時過後，感覺他也慢慢氣消了，我輕聲地說。

「好呀！」科主任點點頭，同時意味深長地望著我。

師生倆繞著操場邊走邊談，他笑著說：「你很不錯呀！我罵了你那麼久都沒有反駁，展現出沉穩的態度，既認真又負責任，是個可造之材！」

「這是我的疏失，謝謝科主任願意指出問題所在，讓我可以在失誤中學習和彌補，也惕勵自己不再犯！」科主任拍拍我的肩膀。對於這份意外的稱許，內心感到羞赧與慚愧。

隨著步伐的前進，我們越聊越開心，不知不覺繞了操場好幾圈。

「人要先自立自強，才會有較好的生存空間」、「我們要多布施，廣結善緣，人生才能更美滿……。」科主任漸漸地忘了稍早的不愉快，還跟我分享他的人生觀、過往求學經驗，逐步打開我的視野。

有一次，我發現某些課程編排的順序不太理想，因此針對課表時序提出了建議。

「有些應該連貫的課程，竟相隔了兩、三個學期才又接續起來，大大影響同學的學習成效，課程的連貫性是很重要的一環，若是能夠將初級、中級、高級概念，具有承接性地安排下來，將能有助記憶和實務應用，主修和選修也可以適當調整……。」我對科主任報告。

「好，那麼請你試試看寫成計畫書，我再呈請教育部裁示！」科主任欣然地說，也想看看實際的做法。

於是，我把五年制工業管理科的課程，諸如哪些課程應該安排在幾年級、哪些課程適合在何時進行，先修與後修等關係，如何才能對

學習比較好，都把理由一一寫出來。

「聰明助教，你寫的計畫書通過了，真是後生可畏！」後來科主任將這個計畫彙總提到教育部，教育部就召開全國工管科主任會議討論，結果明志工專的建議案被順利接受。科主任相當開心，認為我是小兵立大功，更是對我讚賞不已。

此後，主任越發地信任我，把我這個小兵當成寶貝，更如同自己兒子般地關愛有加。

> **「我們要多布施，**
> **廣結善緣，人生才能更美滿。」**
> **主任和我隨著步伐的前進，**
> **越聊越開心，**
> **不知不覺把操場繞了好幾圈。**

同窗情誼，化溫暖為力量

埋首學業與工讀之中，不覺時光匆匆，轉眼已來到畢業前夕。

在這五年的光陰裡，我和同儕一起度過了無數的日夜。每一位同學都是這段旅程中不可或缺的片段，在這段即將結束的旅程，我決定用一封封親筆寫的信，將心意和臨別贈言送給他們。

記得那天，我手握筆桿，面對一張張空白的信紙，心中湧上的是一股暖意。

我寫下每一個字，都像是在與他們對話，分享我對我們五年共同生活的感想。我希望每封信都是一個小小的祝福，裹著我對他們的感謝。

我也請同學們可以回饋對我任何好與壞的評價，隨著信件一一回到我的手中，這份情感彷彿變得更加真切，他們的每一句話，都讓我感受到真摯的感情與期許。

這份手寫的字字句句像是迴響在心中的輕柔樂章，撫慰著離別的思緒，更讓我珍惜的是，他們的真誠回饋，不論是讚美還是建議，都像是一面面明鏡，讓我能夠清晰地看到自己，檢視自己。

這五年，我們的相互磨合、成長，明白自己的不足，也看到了自己的進步。每一條建議都是一把鑰匙，不只幫助我打開成長的大門，也能讓我勇敢地迎接新的人生挑戰。

我知道，這樣的回饋對我來說，真是寶貴的指南，它們讓我不會迷失在五光十色的世界裡，而能夠時刻記住最初的自己，永保初心。

在這 40 多封的回信，我感受到的不僅僅是文字的力量，更是那份用心與真誠。同學們的每一份心意，將成為日後成長路上的珍貴資產，也希望在未來的日子裡，我們都能夠努力地充實自己。

五年的光陰轉瞬即逝，但我相信，那些美好的記憶會一直陪伴著我們，而這份感動能在時間的長河中，持續散發力量。

在此期間，我持續在圖書館工讀，不只提高同學夜間溫書時間，也提升了書籍借閱的頻率，令館長相當欣喜。

一日館長特地請我到他的辦公室，他知道我有弱視可以免除兵役，希望我繼續留任並成為正式職員。另一方面，科主任也力爭我到科裡服務，等於還沒畢業就已經有兩份正式的工作邀約，這是我沒有料想到的事情。

「如果留在圖書館，你會是一個專業且博學的圖書館管理員；但是，如果選擇在科裡擔任助教，擁有多元的選擇和發展，可以成為一名會計師、律師或教授，我會努力讓你一路向上爬。」主任見我陷入一陣猶豫，這樣對我說：「而且，你人生的使命應該遠不止於此！」

主任的話深深鼓舞著我，我也期許自己，可以為社會做出更多的貢獻，於是婉謝了館長的邀約，正式留任科裡助教工作。

> 手寫的溫度像是迴響在心中的輕柔樂章，
> 撫慰著離別的思緒。

從未想過的留學夢，就此啟程

「想不想要出國留學？」有一天主任突然問我。

「怎麼可能……。」一時語塞，以為自己聽錯了。

想到刻苦的家境，學業好不容易告一段落，可以開始工作賺錢，回饋一路支持的家人，如果選擇繼續深造，不只無法負擔家計，還需要支出龐大的出國學費，這筆錢……，不待我繼續想下去，主任出聲打斷了思緒。

「只要有機會，我一定會推薦你出國念書！」主任非常篤定地對我說，再次拍拍我的肩膀，彷彿要我別輕言放棄。

「此生可大力栽培！」由於在校的種種優異表現，主任特地將我推薦給當時的校長陳履安先生，陳校長十分開心明志工專有此優秀人才，便正式提報給王永慶董事長，特別交代要開始為留學的托福、GRE（Graduate Record Examinations，是美國各大學研究所入學參考條件之一）及留學考試做準備，就此牽起了我與王董事長的相惜緣分。

為此，我在畢業後留校擔任助理助教兩年，同時準備留學考試，主任還要我在下班之後補習英文。深知回報這份器重與恩情的最好方法，就是努力達成這個出國留學的大夢。

「聽說讀寫，是托福和 GRE 的主要精神。」因此，為了準備托福和 GRE 考試，我開始背誦英文 900 句，也勤讀短文和會話，每天早上聆聽《空中英語教室》，跟著彭蒙惠老師開口說英語。

此外，星期日則跑到臺北教堂做禮拜、參與查經班和英文團契活動，因為在那裡可以接觸到很多美國人，剛好藉此練習並提升會話能力。甚至與臺大外文系的女學生當起筆友，等到覺得程度有所提升之後，更加膽大地與一位美國女孩開始通信，持續增強英文書寫和文法

能力。

就在我如火如荼地準備國文、英文、專業科目時，鄭主任也在幫我爭取獎學金，甚至替我向學校爭取到留職半薪的權益，即便未來前赴美國讀書，每個月還是有一半的薪水收入，可用來支付外地生活費，同時想到何不向全班同學籌募學雜費，既能彰顯明志的同儕情，還可以一起寫下這個時代創舉。

「我們一起幫助同學夢想成行，成為第一個負笈他鄉的明志弟子，好不好？」大夥們聽到主任的號召之下，紛紛慷慨解囊，從友情卡片到實質的友誼贊助，成為我出國留學最大的後盾。

儘管我像是一隻孤鳥，這份情義卻能使我更加奮不顧身地向前學飛，以求學有所成，未來歸國時貢獻己身。

透過這樣多管齊下，準備了一年，通過國內的留學考試，再正式報考留美的托福和 GRE。當考試結果出爐後，托福考了 500 多分，達到門檻，著實鬆了一口氣；而 GRE 有兩大部分，一個是英文字彙的部分，另一部分是數量分析，兩者分數相加之下總分通過考核，正式取得出國留學的門票。

對於這個好消息，不只是我自己感到萬分喜悅，家人、師長與同學們個個都比我還要開心。

當我回想起主任對我的提拔，從當助理助教開始，引導著我努力和前進的方向，一路推薦我深造、準備留學考試到正式出國，這份激勵與機緣使我的人生起了一百八十度的轉變，內心只有滿滿的感激。

　　記得參加留學考試的當天，主任和師母還堅持陪我應考，他還特地交代師母幫我做了一個非常豐盛的便當，裡面蘊藏了滿滿的師恩與關愛。儘管主任已於數年前撒手歸去，但他對我的諄諄教誨，將時常謹記在心。

　　當確定出國的日子後，我告訴了家人，也告知了當時轉調至臺北市小學任教的丁心苹老師，以及中學蔣周發老師，他們都感到與有榮焉，一個出身貧瘠海角鹽分地帶的小孩，如今已經要踏上留學的大路，是如此的光耀故里。

　　丁老師替我開心之餘，後來特別引介學校裡的年輕同事——蕭素惠老師與我書信相識，年紀與我相仿的她，在我赴美之後，開始了頻繁地魚雁往返，有著密切的書信交流，冥冥之中，埋下了情緣的種子……。

　　「老師不能幫你做什麼，那就讓我替你出機票錢吧，這樣多少減輕你出國的負擔！」蔣老師非常堅持地說，不好拒絕的我，只好收下

赴美留學時親朋前來送行留影，我帶著家人師長的期許、全班同學的期盼，正式起飛。

這份溫暖的鼓勵。

「出國後要好好念書，如果念得不錯，不必急著回來，最好能繼續攻讀博士，我們永遠是你的後盾！」臨上機前，鄭主任殷殷叮囑著。

我帶著家人的愛、師長的期許、全班同學的期盼，正式起飛。

當振翅翱翔的機翼，劃過白雲騰飛的晴空，我知道我不再是一隻孤鳥，夢想就在我的腳下，這份愛的行囊，將一路相隨。

儘管我是一隻孤鳥，
同學們的情與義卻使我奮不顧身向前飛，
以求學有所成，貢獻己身。

緣：打開視野. 走在世界的地圖上

「夢想的路上，勇氣是最好的夥伴。」在某些艱難的時刻，我學會了不僅要追求自己的夢想，還要把善念與愛心傳遞給他人。

也許這就是一種使命——在彼此心中播下善的種子，讓它們在未來的日子裡茁壯成長。

2-1

逆風飛行，赴美留學和打工的旅途

我漸漸領悟到，真正的學習不僅存在於書本之中，更在於有效地與他人交流⋯⋯。

「來來來，來臺大，去去去，去美國。」在我的那個年代，這句話幾乎成了一句流行口號。

當時，無數人憧憬著踏上美國的土地，尤其是臺灣的頂尖學府——臺大。而我是明志工專第一個走出這條路的學生，心中充滿著無限期待。

晴空下的孤鳥，找到同伴

「別擔心，這裡的生活雖然不同，但我們可以互相幫忙。」在東新墨西哥大學（Eastern New Mexico University）的校園裡，與我同住的室友正巧是臺大人。記得第一次在宿舍裡見到他時，他友善地對我這麼說。

初到美國，留學資訊相對貧乏，面對陌生的環境，身旁的臺灣留學生伸出援手，發揮同胞愛，讓我明白了互助的力量，彷彿是一道微弱卻堅定的光，指引著我走出迷霧。

「互相幫忙，互相成就，當我們有更多的能力，就可以幫忙其他有需要的人。」這句話深深印在我的心中，原來一顆溫暖的心，就像是蠟燭的燈芯，真的足以點亮整片黑暗的森林。

在某些艱難的時刻，我學會了不僅要追求自己的夢想，還要把善念與愛心傳遞給他人。也許這就是一種使命——在彼此心中播下善的種子，讓它們在未來的日子裡茁壯成長。

此後，每當參加校內的服務活動，我都能感受到那股自然散發的

熱情，那是一種跨越國界的情感，讓身處異鄉的我們，找到一種更深的連結。

> 一顆溫暖的心，
> 就像是蠟燭的燈芯，
> 足以點亮整片黑暗的森林。

實習啟發，打下留學基石

回想起工專畢業之前，學校安排了一次前所未有的體驗——參觀台塑所屬各公司工廠並進行實習。

當我走進大型工廠，耳邊響起機械運轉的轟鳴聲，眼前是一個個忙碌的身影，四周是洋溢著積極奮發的氛圍。

在工廠裡，我不僅僅是一名旁觀者，而是全心投入，勤做筆記，記錄下每一個製程的細節。回到課堂後，我將這些珍貴的實務經驗整理成報告，向同學和老師分享。

我分析了整個製程的優缺點，探討了不同的管理模式，甚至提出了如何提升績效的建議。每一次的彙整都讓我更加深入地理解這些知識，並與理論相互融合在一起。

這段實習經歷不僅讓我學會了如何在實務中運用理論，更培養了系統思考的能力。回想起來，正是這些寶貴的經驗，讓我能夠快速適

應後來的美國留學生活。於是面對各種研究報告，督促自己勤加練習，勇於表達觀點。

未來的路或許充滿挑戰，但我知道，這些基石將支持著我繼續向前前進。

> 未來的路或許充滿挑戰，
> 但這些基石將支持著我繼續向前前進。

打開新大門，勇敢探求未知

當我踏上美國的土地，我知道自己需要加倍努力。

1973 年在美國東新墨西哥大學與來自臺大室友唐雲務合影（唐博士於美國任教後轉至加拿大任教）。

1973 年在美國東新墨西哥大學念書時於租處前留影。

原本需要依照規定，先在東新墨西哥大學補修學分的過程，但我提出鑑定申請，通過會計、財務管理、行銷等十個科目的鑑定考試，能夠順利進入企管碩士班就讀，主修管理會計。

在這裡，我有幸受到道格拉斯教授的指導，修習了幾門重要的課程，為了準備考試，我經常躲在圖書館裡，默默地背誦著課本。

雖然第一學期沒有獎學金，但我憑著明志工專同學的贊助，省吃儉用，堅持了下來。

「我覺得這裡的論證，也許可以這樣調整……。」幾次在課堂中，當教授的推論令我產生疑慮時，我便鼓起勇氣，舉手發言。

始終沒有忘記，尊重師者的專業，提出不同觀點的時候要謹慎與謙和，只想著「教」與「學」的誠心互動。

此外，在道格拉斯教授的另門課上，我發現也有值得討論的地方。當我再次舉手發言時，身邊的同學低聲提醒我：「小林，千萬別惹惱老師，這樣成績會受到影響的喔！」他們的話如同一記警鐘，卻也未能動搖我的信念。學習的真諦，在於追求正確的知識，而不是為了取悅他人。

或許是我的真誠與謙恭打動了道格拉斯教授，他不僅沒有責難我，反而在第一學期結束後，特別邀請我擔任助教，並為我減免了學雜費，每學期只需象徵性地支付一美元的學費，並且鼓勵我繼續攻讀博士班。

「相信自己，你確實擁有無限的潛力。」那一刻，我感受到自己不

再是一個孤獨的留學生，而是這片土地的一部分，得到了肯定與支持。

自此，第二學期開始，終於擁有了獎學金，心中滿是感激與驚喜。正如我所學到的，勇敢追求自己的夢想，並且以善心與尊重對待他人，終將為我們打開一扇新的大門。這段經歷不僅讓我成長，更讓我明白，追求知識的過程中，勇敢探求未知與表達真見的重要性。

在我擔任助教時，某次翻開教學手冊，驚訝地發現解答竟有個小錯誤。於是我鼓起勇氣，寫信給這本手冊的作者——亞利桑那州立大學的教授。

不久，竟然收到教授的回信，上面寫著：「謝謝你的建議，你的答案是對的。要不要來我的大學讀博士？」再次給了我莫大的信心。

> **勇敢追求自己的夢想，**
> **並以善心與尊重對待他人，**
> **將為我們打開一扇新的大門。**

口頭報告，從容不迫的練習

美國課堂的口頭報告是一項關鍵挑戰，與臺灣教育體系慣常的授課方式，截然不同。

儘管我已經通過了托福和 GRE 的考試，獲得進入這裡的資格，但我明白，書本上的英文知識與實際口頭表達能力之間仍有差距。

另門課堂的布爾斯教授不僅是企業倫理的專家，還兼任商學院院長。他總是以深厚的學識和敏銳的洞察力，教導我們如何在經營企業的過程中，堅持道德與倫理的重要性。每當他站在講台上，語重心長地分享那些背後的基本哲理時，我總是感受到一股心靈的震撼。

然而，對於英文非母語的學生來說，想要理解外文的倫理、哲學與社會科學並非易事。因此，我決定將課堂上列出的參考書籍，幾乎都背得滾瓜爛熟，紮實地打下基礎。

每週的口頭報告既是一大挑戰，也是自我證明的機會，考驗著語言能力，也促進了思維的碰撞，讓我在交流中持續成長。

因此，我學會了如何清晰地表達自己的觀點，怎樣在思維運轉中保持邏輯清晰。這些鍛鍊不僅提升了我的英語能力，更讓我體會到思考與表達的真諦。

有時候，研究室裡的同學們都在認真自修，為了避免打擾到他人，我便跑到校園裡，對著樹木、草坪與天空，或者是圖書館的小研究室，進行無數次的演練，我的聲音在清新空氣中回響著。我不在乎孤獨的練習，只想在每次報告中展現出準備完善的自己。

當我站上講台時，那一刻，每一個字句都承載著我對這門學科的理解與思考。

我漸漸領悟到，真正的學習不僅存在於書本中，更在於有效地與他人分享與交流。這段學習旅程教會我，口頭報告所鍛鍊的不僅是語言技巧，更是自信與勇氣，讓我在未來的道路上更加從容不迫。

「這位外國學生說得既自然又流暢！」當我報告時，可以看見布爾斯教授從驚訝轉為欣喜的表情變化。

他的讚美如同一盞明燈，照亮了我心中的信念。每到了學期末，我的成績始終保持在 A，督促自己努力之外，還要堅持不懈，勇敢面對問題，接受挑戰。

在布爾斯教授的教導下，不僅學會了企業倫理的概念，更明白了道德決策對企業未來的重要性。這些學習不僅僅是學術上的收穫，更指引著我走向更高的山巔。

正如布爾斯教授常說的：「倫理不是選擇，而是責任。」教授的話鼓舞著我，無論身處何地，追求卓越的同時，也要做出正確的選擇，努力實踐理想的願景。

> 我不在乎孤獨的練習，
> 只想在每次報告中展現出準備完善的自己。

披荊斬棘，邁向博士之路

正式取得企管碩士學位之後，我開始向南卡羅來納州的克萊門森大學（Clemson University）工業管理博士班提出申請。

不久，收到學校寄來的獎學金和入學許可，工業管理系的系主任通過了我的審核。

然而，當時研究所 GRE 入學考試，我的數量分析考了第一名的滿分成績，英文字彙部分只得到差強人意的 290 分，一個月後，研究院的院長卻依此評估，否決了我的申請資格。

學校來信大致寫著：「林聰明同學的 GRE Verbal 分數偏低，英文程度恐怕難以有效學習，我們必須否決你的申請資格……。」

面對突如其來的轉變，當時我正在舊金山的餐廳打工，同事們紛紛為我抱不平。我決定做出嘗試和努力，於是寫了一封陳情信，寄給院長及學校管理層，勇敢表達訴求。

「校方以美國大學生的英文程度要求外國學生，這並不公平！我請求校方，審慎評估學生的潛力夠不夠，再做出定奪。」我不卑不亢地陳述。

幾天後，院長親自致電布爾斯教授，他也是我的指導教授，想進一步瞭解我的英語能力。布爾斯教授毫不猶豫地為我撰寫了一封推薦信，並附上我的期中、期末考試卷的影印本。

「我保證這名學生的英文能力足夠讀博士班！」這句話如同一道暖流，瞬間驅散了我心中的陰霾。不久，克萊門森大學回信同意讓我有條件入學，並再次提供獎學金，條件是我必須在第一年補修英文作文並參加英文測驗，而我毫不猶豫地接受了這個挑戰。

踏入博士班後，我不僅努力學習，還順利通過了語言考試。每每回想起布爾斯教授對我的支持，心中總是滿懷感激。他不僅幫我打破了語言的藩籬，更用信任點亮了我前行的方向。

老師不僅幫我打破了語言的藩籬，
更用信任點亮了我前行的方向。

打工的啟發，堅持夢想選擇

正如一位哲人所言：「夢想的路上，勇氣是最好的夥伴。」在逆風飛翔的旅程中，無論前方有多少艱險，只要心中懷抱希望，就能攀登過每一座高峰，最終抵達理想的彼岸。

每一次的考驗，都是為了更有力的面對，讓走在世界地圖上的我，披荊斬棘，無畏前行。

赴美的第一年暑假，我就到窗簾公司打工。

每一個清晨，當陽光透過校園的樹梢，斑駁的光影在地面跳動，心中那份澎湃的熱情彷彿也隨之而舞。我懷著對未來的渴望，跨出學校，來到了工作場合，心中充滿了目標與使命感。

在窗簾公司，我不僅僅是執行任務，還用心規劃每一步，以提高工作效率。我考量每位顧客的需求，細心剪裁出來的布料，既滿足了他們的期望，也最大限度地減少了浪費。每當看到顧客滿意的笑容，無形中激勵著我，彷彿一切的忙碌都不算什麼了。

主管對我的表現讚不絕口，甚至於打工結束後，邀請我留任公司發展。他的話語如同甜蜜的誘惑：「你留下來當我們的員工，我可以幫你申請綠卡！」心中深知，我來美國是為了追尋知識、累積經驗，

而非追逐安穩的綠卡。因此婉拒了老闆的心意，選擇堅守自己的初衷。

如同一位哲人所言，人生的道路上，堅持自我才能找到真正的方向。而我的方向，還在前方。

> 每一次的考驗，
> 都是為了更有力的面對，
> 讓走在世界地圖上的我，
> 披荊斬棘，無畏前行。

推銷員信念，在地真實體驗

在攻讀博士學位的第二個暑假，我決定再次挑戰自己，成為一名圖書推銷員。

我認為，書本中的每一頁都像是一扇窗，背後映射出一個個不為人知的故事，值得我們去細細探索，而透過走入黑人社區推銷、介紹書籍，不僅是語言的磨礪，更是一場深入美國在地的真實體驗。

我的心中既興奮又緊張，像一位冒險者即將探索未知的領域。

「當推銷員要有教育家的謙和與內涵，外交家的說服力，軍事家的果斷，還要有心理學家的洞察力！」在田納西州接受的十天訓練當中，為了口才訓練，對著鏡子、牆壁、樹木練習推銷技法，團隊幹部

則不斷重申這些準則。訓練結束後，我被派到洛杉磯的一個小鎮，每天沿著街道按門鈴推銷百科全書。

初生之犢的我毫不畏懼，勇往直前地深入洛杉磯的黑人區。面對潛在的危險，像是青少年搶錢的威脅，我仍然鼓起勇氣，假裝會中國功夫，邊比畫邊自信地說：「Bruce Lee ！」這樣的舉動不僅讓人對我感到有趣，還讓那些青少年稍稍放下了戒心，形成了一種奇妙的連結。

在這段推銷的日子裡，遇到了許多熱情和善良的美國人。有人邀請我進屋喝水，甚至有位女老闆在聽了我的推銷說明之後，提議：「要不要來我的公司工作？」然而，也有一些人對我的外國身份抱有懷疑，甚至報警。在警察到來時，我便直接出示學生證和打工許可，平息了誤會。

我也在這段銷售的冒險中，遇到了兩位生命中的貴人。第一位是一位華僑，因為我沒有車，只能依靠雙腿徒步行走，一個個按門鈴並拿取訂單。這位華僑熱心地開車陪我送書，讓我感受到異鄉的溫暖。

擔任推銷員期間每週精神講話時，在洛杉磯海灘留影。

然而，隨之而來的卻是一場驚險的事件。當我按鈴到一個墨西哥裔家庭時，突然衝出一隻大狼狗，瘋狂似地咬了我的右手，致使血流不止。當我試圖遠離時，狼狗依然不肯罷休，持續追趕著我，直到主人出來把狗抓住才停止這場鬧劇。

「我沒有車，家裡也沒有人，無法帶你去醫院！」看著我嚴重的傷勢，那名狗主人卻兩手一攤，無奈地聳了聳肩。

就在我感到無助、坐在樹下休息的時候，命運的轉折發生了。我的博士班同學恰巧開著車緩慢經過而看見我，於是停下來詢問發生了什麼事。

得知情況後，他二話不說，立刻送我去醫院，打了破傷風針，右手縫了八、九針，至今仍留有傷疤。令人難以置信的是，我的博士班同學應該是在美國東部南卡羅來納州的克萊門森大學，而他此刻卻出現在美國西部洛杉磯的偏僻小鎮，難道這是一場驚人的巧合？

> 博士班同學恰巧開車，
> 緩慢經過洛杉磯的偏僻小鎮，
> 難道這是一場驚人的巧合？

介紹美食，分享菜單

第三年暑假，來到熙熙攘攘的紐約，成為一家四川餐館的服務生。

初入餐館，看著那琳琅滿目的菜單，我像是一位總舖師，努力地背誦每一道菜名，迅速適應忙碌的環境，應對客人的點餐，介紹精心準備的美食饗宴。

雖然我的職位看似微不足道，但我並不滿足於僅僅完成日常的工作。每當我忙於端菜和清理餐桌時，眼睛始終在觀察整個餐廳的運作和經營細節，心中默默思考著如何優化這一切。

漸漸地，我發現了問題的所在：餐廳的會計制度有改善的空間，老闆對這些混亂的會計作業毫無察覺，這讓我感到擔憂。雖然這並非我的職責範圍，但我始終認為，既然看到了問題，就應該有所作為。

我鼓起勇氣，向老闆提出了觀察和建議。他驚訝地看著我，隨後欣然接受。

於是，我開始設計一個新的會計制度，讓原本混沌不明的數字安

1975 年暑假在紐約四川峨嵋餐廳當侍者與老闆及廚師合影。

當餐廳侍者時與廚師們相處愉快。

放在該有的位子上。當我看到新的財務系統逐漸成型，心中充滿了成就感，彷彿自己為這個小小的餐廳注入了新生命。

隨著新系統的推行，老闆的營收開始穩步上升，他開心地不斷向我表達感謝，甚至一再邀請我留下來為餐廳效力。

這樣的提議如同耀眼的星光，吸引著人們的駐足，但我卻沒有忘記自己的目標，再次婉拒了好意，心中依然明白，前行的路途在學習的彼岸。

這段日子裡，我還與其他侍者和廚師們變成好友，也會充當他們的英文小老師。

暑假結束，我的工讀收入達到了 3,000 美元，回想這些打工經歷，正是我追求夢想旅程中，堅持自我、積極面對挑戰的成果展現。

> 我像是一位總舖師，
> 努力地背誦每一道菜名，
> 應對客人的點餐，
> 介紹精心準備的美食饗宴。

面對逆境，笑的力量

這些打工經歷使我更加深信，生活中的某些事情似乎是冥冥中有

所注定。

老天似乎在護佑著我，讓我在逆境中得到支持與幫助。在這場推銷冒險中，我不僅挑戰了自我，還收穫了友誼和勇氣，這些將成為我追求夢想道路上，不可或缺的重要一環。

推銷員的工作，也讓我深刻體會到「笑」的力量。

推銷員的訓練，其實簡單得如同晨曦中的第一縷陽光：困難要笑，挫折也要笑，這不僅是一種心態，更是一種力量，能夠在逆境中為自己點燃希望的火焰。

我經常提醒自己，「笑」的英文是 Smile，而這個簡單的詞彙中，藏著一個美妙的聯想——有了笑容，自然就會有「$」mile。每當我向客戶推銷書籍，總會帶著真誠的微笑，因為我知道，那是打開心靈與靈魂之窗的鑰匙。

有一次，我在一條繁忙的街道上遇到了一位面帶愁苦的顧客。他低頭不語，似乎被生活的重擔壓得喘不過氣來。我微微一笑，試著打破那份沉重：「嘿，你知道嗎？每一本書都是一個全新的世界，或許可以幫你找到片刻的寧靜。」他的眼中閃過一絲驚訝，隨後也露出了笑容，心中的冰霜逐漸融化。

這一瞬間，我明白了，笑容不是武器，而是連結起情感的那一道橋樑。

笑容是一種最美的語言。不僅能開啟機會的大門，更能在平凡的日常中，讓日常散發出溫暖動人的光芒。

笑容不是武器，
而是連結起情感的那一道橋樑。

紙短情長，共書未來藍圖

出國留學三年半，並在通過博士資格考後，利用暑期工讀的累積，讓我終於有了回臺灣搜集博士論文資料的資金，準備搭上回鄉的班機。

儘管在美國的課業和打工生活繁忙，我仍然每週都會寫五封家書寄回臺灣，向臺灣的老師和家人報平安，也報告自己的學習狀況。

這些信件不僅是我對家人的牽掛，也是我追求夢想過程中不斷反思與成長的紀錄。

我也會與他們分享這些日子的經歷與努力，無論是在推銷員的挑戰，還是在餐館的忙碌，都讓我明白了，生活中的每一滴汗水，都將化為成長的養分。

由於家人不懂英文，有時需要寄送物品，就由丁老師介紹的蕭小姐，特地南下幫忙，成為我和家人之間的橋樑。這種雙向的互動讓我們的感情日漸增溫，最終我和她正式成為了男女朋友。

這份情感如同涓涓細流，悄然流淌在我們的紙短情長中，讓心意彼此相連。

當我回到臺灣蒐集論文資料，準備再次返美專心撰寫論文時，我

婚禮合照。

婚宴時向來賓敬酒。

王永慶董事長與陳前校長寒暄。

結婚時我為王董事長佩戴胸花。

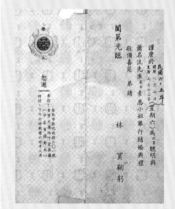

婚禮請柬。

結婚時王董事長致詞。

丈人與王董事長。

與蕭小姐正式見面，這位與我通信長達三年的女孩終於在現實中走進我的生活。

我們一起分享彼此的夢想與未來，使我體會到，這份情誼是一種思想的延續，也是一種生命的陪伴。

生活中的每一滴汗水，
都將化為成長的養分。

返臺省親，完成人生大事

回到臺灣探親後，我前往台塑公司，向王董事長報告學習狀況與未來計畫，董事長要求我隔日起開始上班。

談話不久，話題突然地轉向了我的終身大事，當他得知我和蕭小姐的通信後，眼中閃爍著熱情的光芒，立刻詢問起蕭小姐的家庭電話，想要直接與她的家人聯繫。

「這個學生我敢保證！」董事長拍著胸脯，神情堅定地對蕭小姐的父親說著。

「那麼，什麼時候可以結婚？」隨後，他迅速切入主題，問道蕭老先生。

「隨時都可以。」蕭老先生回答。

由於蕭小姐考量隨我一同赴美，礙於出國法規，因而決定先行辦理公證結婚，以符合依親出國的手續，我們簡單穿著西裝、禮服，低調地完成了人生大事。

當時，蕭小姐還笑著對我說個小祕密：「家人幫我算命，這輩子會結兩次婚！」我感謝她理解並體諒我並非一個浪漫的人，願意與我攜手走向未來。

幾日後，董事長竟然特別為我們安排在台塑大樓裡舉行婚禮，這座宏偉的建築見證了兩位新人的誓言，而他親自擔任證婚人，更增添了這一天的隆重與意義。在婚禮上，周圍的親友同事們都為我們獻上祝福。

此刻，內人再次披上第二次嫁紗，是否應驗算命師「會結兩次婚」的預言……。

隨著婚禮落幕，就要啟程赴美，生活的節奏如此緊湊，我們在時間的隙縫中穿行。

然而，正是這樣的行程安排，我愈加感激內人的包容與善解。她的支持讓我能全心投入學業與事業，沒有後顧之憂，成為彼此的後盾。

此間，人事室主任計算我的薪水時有些困惑，於是向董事長請示。王董事長笑著說：「這個你不用管！」更在我暑假結束、登門辭行之際，董事長交給我一個裝滿鈔票的紙袋，我沒有收下這份厚禮，但我由衷感恩董事長的恩情。

暑假結束，我先踏上回返美國的旅程，專心寫論文，內人則因手

續關係延後一學期赴美。

> 我感謝她理解並體諒我並非一個浪漫的人，
> 願意攜手走向未來。

師者光輝，照亮教育者使命

「每一個研究者都會經歷這樣的時刻，重要的是要保持好奇心。」撰寫博士論文的過程中，我的指導教授烏索頓不僅在學習上給予極大支持，在我遇到瓶頸時，也會適時指引方向。

他和他的夫人經常在假日留在研究室，與我分享他們豐富人生經驗和獨到見解，每一回的交流，都是心靈的碰撞，感受到學術的深邃與熱情，彷彿探索著無盡的知識海洋。

全家福。

婚後，我的內人隨後赴美。每當我在繁重的研究中感到疲憊時，她便在一旁幫忙博士論文打字，耐心地記錄下我的思路。那份默契與善解讓我在艱難的時刻，依然能感受到家的溫暖和支持。

每一個深夜的奮鬥中，都是她的陪伴與鼓勵，使我不再孤單，讓我心中燃起了繼續前行的勇氣。

當然，我們也有一些輕鬆的時刻，笑聲如同清泉般流淌，洗去彼此心中的壓力。這樣的日子讓我明白，成功的背後不僅有個人的努力，還有摯愛的陪伴與支持。

甚至之後在異地工作或返回臺灣，她也一肩挑起家務，讓我可以全力衝刺事業，或是在我電視授課期間幫我正音，寫文章時協助糾正，我常想，如果在工作或修行上有所成就，內人便是我背後最大的功臣！

> 笑聲如同清泉般流淌，
> 洗去彼此心中的壓力。

某個星期六，烏索頓教授突然提議前往鄰近的田納西小鎮吃午餐。我心中不禁想：「為了一頓午餐，值得這樣開車嗎？」然而，他的意思卻是要開他的小飛機！

那一刻，興奮與敬佩交織在一起，這是我們第一次搭乘小飛機，

見識到了他非凡的飛行技術。

當小飛機駛入蔚藍的天空，雲朵如棉花糖般圍繞著我們，我的心隨著引擎的轟鳴而激動。

然而，唯一的小遺憾是內人對飛行嚴重暈機，下了飛機後雙腿發軟，無法充分享受那一頓午餐的美味。她的狀態讓我心疼，也讓我明白，冒險的樂趣有時並不如意。

不久，終於來到了博士論文的初審階段，有位教授對某部分的學理持有不同看法，隨著壓力逐漸增大，我開始擔心自己能否順利過關。幸好，烏索頓教授出面解釋，為我解決了這場危機，讓我順利通過初審。在論文決審前，他特地安排不同的教授來模擬審查，幫助我熟悉應對情境。

這段時間的努力與磨練，讓我不斷成長。最終，我終於順利通過論文的決審，正式獲得博士學位。

那一刻，所有的辛苦與挑戰都化為了喜悅，正如烏索頓教授所說：「在追尋知識的旅程中，這份支持與指導是彼此沿路上最珍貴的禮物。」每一個激勵的眼神，每一次關心的交談，都已化成了心中最珍貴的養分。

烏索頓教授的用心與熱誠深深影響了我，成為我心中理想的師者典範。希望未來若是擔任一名教育者，能夠點亮學生的心靈之火，讓他們在學習中收穫自信與勇氣，攀登更高的知識山峰。

在人生不同的學習階段裡，一路以來，總有一些老師如明燈般出

現，給予我及時的指導，幫助我突破重重難關。

在明志工專的求學時光，有幸在多位傑出師長的指導下汲取知識與智慧，記得陳履安校長，他不僅擔任過監察院院長，更以其深厚的學識和嚴謹的教學態度，為我們樹立了學習的典範；翁通楹校長則以其廣博的工學背景，讓我對技術與創新有了更深的理解；林英峰教授和童甲春教授，以其在商學和統計領域的專業，開啟了對數據分析與市場運作的興趣；而呂溪木教授和許樹淵教授則以其對教育的熱忱，讓我明白了教學相長的真諦，還有其他許多恩師們也是如此，時常令我深懷感激。

正如古話所言：「師者，所以傳道、授業、解惑也。」這些經歷不僅豐富了我的專業知識，更奠定了未來在產、官、學三界的服務基礎。

他們的每一次引導和鼓勵，都在我心中點燃了對教育的熱情與信念。

1977 年取得博士學位時與南卡州 Clemson 大學校長合影。

　　這些經歷使我深刻明白，教育的力量在於它能激發學生的潛能，並塑造他們的未來。

　　因此，當有一日我站在講台上，面對一雙雙求知若渴的眼睛時，我總會想起這群恩師們的教導，讓我立志成為學生人生路上的引導者——我要讓他們在學習的旅途中，感受到關懷、支持與信任，讓每一個學生都能找到屬於自己的方向，是我對自己最深切的提醒和勉勵。

　　這是我對教育的承諾，也是我心中永恆的使命。

> 教授的用心與熱誠深深影響了我，
> 成為我心中理想的師者典範。
> 希望未來擔任教育者，
> 也能夠點亮學生的心靈之火。

內人墨寶，書寫古賢嘉言：
「道生於安靜，性生於卑退，福生於清儉，命生於和暢。」

2-2

學成歸國，航向人生新使命

這份來自源頭、緣分和圓滿的強烈連結，既是時間的交匯，也是命運的編織。無論身在何方，根植於故鄉的情感，始終是內心最溫暖的力量。

在臺灣一股經濟騰飛的浪潮中，我的求學之路猶如一艘駛向未知的竹筏，迎著浪潮，揚著夢想的帆，無畏地向前邁進。

那時，正值各行各業迫切需要管理人才的黃金時刻，歸國的學人，如同一顆星星，恰逢其時地走在返航的星圖上。

返航歸途，邁向職涯的起點

「你知道嗎？」一位同學在圖書館的長桌旁低聲說，眼中閃爍著熱情的光芒，「這裡不僅是知識的殿堂，更是我們未來的起點。」我點點頭。

隨著學業的深入，我開始理解管理的真諦。這不僅僅是數字與流程的堆砌，而是一種引領變革的藝術。記得一名教授曾說過：「管理者就像是指揮家，能夠將不同的樂器和諧地融為一曲動聽的交響樂。」這句話如同耐人尋味的旋律，令人沉吟再三。

在美國的求學歲月裡，我的每一步都像是在蜿蜒的山路上攀登，向著那座知識的高峰邁進。每當我向鄭武經主任報告我的學習進展時，這不僅是交流，更是對於此間學習的反省。鄭主任那雙敏銳的眼睛，總能洞察我在學術路上的每一絲努力，並向王永慶董事長彙報我的情況。

「你在學業上的付出是值得的，請繼續努力！」當王董事長的鼓勵信件如春風拂面而來，字裡行間的溫暖直抵我心。那一刻，感受到的不僅是認可，還有著無形的力量。

「回來吧，我期待著你的加入！」隨著時間的推移，當我終於披上工業管理的博士袍時，那一刻的喜悅如潮水般湧來。與此同時，收到來自於董事長的會面邀請，心中燃起一種強烈的使命感，這不僅是對個人努力的肯定，更是賦予未來責任的期許。

那一刻，我明白返航的歸途，迎接我的將是一場全新旅程的開端。

美國的求學歲月，
每一步都像是在蜿蜒的山路上攀登，
向著那座知識的高峰邁進。

董事長問：「為什麼不搭飛機？」

那是一個陽光燦爛的早晨，我從南卡羅來納州搭乘灰狗巴士，經過兩天的奔波，終於抵達熙熙攘攘的紐約。

「為什麼不搭飛機？」原本心中懷著無比的期待，走進王董事長的辦公室時，我的情緒卻瞬間被他開口的第一句話打斷了。

一時間有些愣住，隨即，我明白了董事長的用意。他不僅是在詢問我的旅行選擇，而是在提醒我：「為什麼不利用飛機來節省時間？」這句話如同一道閃電，劈開了我對經濟與時間管理的理解。

那一瞬間，我領悟到，懂得時間管理的人，正是為他們帶來更大經濟效益的關鍵。這是一個簡單卻深刻的道理，讓我反思自己的選擇。

每一個選擇的背後，存在著無數的可能與變化。當下的決策，不僅塑造了自己的命運，還在潛移默化中影響著周圍的人。

從那天起，我開始重新審視自己的生活方式，學會以更高的視野來看待時間與金錢的關係。未來的每一步，我都希望能夠走得更加從容，無論是在職場上，還是在生活中，尋找更有智慧的解決之道。

這次會面不僅讓我感受到王董事長的關懷，更讓我領會經濟管理的內涵。正如飛機在高空中翱翔，帶著我們直抵目的地，我也期望未來能以智慧的選擇，搭乘成功的航班，乘風破浪，追尋卓越的理想。

> 期望未來能以智慧的選擇，
> 搭乘成功的航班，乘風破浪，
> 追尋卓越的理想。

職涯三條路，選擇之外的驚喜

自此之後，每當面臨時間與金錢的抉擇時，我會開始評估兩者之間的差距，以便做出更明智的決策。

這不僅是一個經濟考量，更是人生智慧的體現。這段經歷猶如燈塔，指引著我如何更有效地利用時間與資源，成為職業生涯中的重要轉捩點。特別是在紐約的面談中，王董事長給了我「三條路」。

第一條路是繼續攻讀醫院管理，畢業後進入長庚醫院；第二條路

是回到台塑總公司任職，並於明志工專教書；第三條路是前往台塑美國公司工作。面對這些選擇，內心並沒有太多波瀾，而是細細思索著每一條路徑的未來。

正當我在思考要走哪條職涯路時，意想不到的轉折降臨了。我的同學黃茂松先生已在波多黎各工作，他向董事長建議，派我去那裡協助解決當時的混亂局面。聽到這裡，彷彿一扇新的大門正悄然打開。

那一刻，所有的未來計畫在我腦中交錯，命運的線條在此時重新排列。這個橫空而出的新選擇，不僅是一次地點的轉變，更是一場全新的冒險。於是，董事長隨即指派我成為台塑波多黎各塑膠粉原料工廠的總經理特別助理。

原本，我和太太的計畫是學成後立即回臺就業，但這一決定卻打亂了我們的行程。波多黎各的旅程不僅是工作的起點，更是一場自我能力的考驗。在那片陌生的土地上，我們將面對全新的環境以及所有的未知。

不久後，抵達波多黎各，我如同一名水手，駛入未知的海域，面對全新的挑戰。每一天都充滿著學習與成長，讓我在管理能力上迅速進步。這份經歷不僅拓展了我的視野，還讓我明白了如何在複雜的環境中尋找解決方案。

波多黎各的旅程不僅是工作的起點，
更是一場自我能力的考驗。

踏上波多黎各，責任是成長必經之路

走在加勒比海的陽光下，波多黎各這片土地如同一顆璀璨的明珠，閃耀著文化與語言的多樣性。

「語言不僅是交流的工具，更是心靈的窗戶。」波多黎各為美國屬地，在公事上的文件需要使用英文，但波多黎各是西班牙語裔，嘴巴上說的卻是西班牙語，公司內部為此開設西班牙語課程。學習語言不僅是為了工作上的需要，也讓我更快地融入異國，與當地人建立起關係。

隨著時間的推移，我逐漸適應了這裡的節奏，並學會在變化中尋找機會。

王董事長對我關懷備至，提供了高薪和住宿，這樣的支持讓我可以歸還當時工專及同學贊助的留學款項，心中感激不已。然而，繁忙的工作也同樣讓我深刻體會到了責任的重量。

每天清晨，當陽光透過工廠的窗戶灑進來，心中燃起一股責任感。

在波多黎各宿舍前留影。

手中握著一份數據報告，這不僅是工作，更是我在這個龐大系統中所扮演的角色。

「今天的生產量怎麼樣？」董事長的詢問如同一聲號角，提醒著我隨時進入狀態，每一封電報的發送，都是我對當下的負責、未來的承諾。生產量、銷售量、各項成本，這些數字如同交響樂中的音符，缺一不可，缺少了任何一部分，都會使整個樂章失去和諧。

每一個數據都蘊藏著商業的智慧，每一份報告都是對未來的一次投資。正如我常常自我激勵：「數字的背後，是大家共同努力的成果。」

有時，我會站在工廠的頂樓，從高處俯瞰這片繁忙的天地。生產線上的機器如同忙碌的小蜜蜂，銷售部門的同事們則像是在進行一場精心策劃的演出，協調著每一個動作。這種觀察讓我意識到，只有把每個細節都融入全局，才能形成完美的和諧。

「責任是成長的必經之路。」這句話深植於心，當我與各部門溝通時，學會了如何高效協調，從海量的數據中提煉出有價值的信息。

王董事長寫給我的信件。

這些經驗不僅提升了專業能力，也讓團隊對未來充滿信心，一起帶領整體營運轉虧為盈。

> 每一個數據都蘊藏著商業的智慧，
> 每一份報告都是對未來的一次投資。

用餐的商業智慧，日常不忘探索成本

「來，上菜囉！大夥一塊來吃飯！」我的妻子除了細心照顧我的飲食起居，還經常為宿舍中的單身同事準備三餐。

這種溫暖的家庭氛圍，讓波多黎各的生活變得更加豐富多采。然而，每當王董事長特地飛來視察時，他的到訪讓吃飯變成了一場小型商業會議，與董事長共餐，並不是件輕鬆的事，同事們紛紛大喊吃不消。

「這道菜的成本是多少？」這句話讓我一時愣住，隨即意識到自己必須迅速反應。

董事長要求我們分析每道菜的價格，包括原料成本、水費、電費和人工等各項開支。這樣的要求，讓我不得不重新思考用餐的意義。

餐食中的每個細節，董事長的關注點引導著我們深入分析成本結構。這不僅僅是品味美食的過程，更是一堂關於商業管理的課程。每一道菜都變成了一個案例，提醒我們用餐時不僅要考慮食物本身的口

感，更要重視背後的開支。

這種對於成本細節的關注，讓我受益匪淺。突然意識到，管理的核心不僅在於計算數字，更在於理解每一項支出對整體營運的影響。隨著每次的聚餐，我的商業思維逐漸成熟，對經濟的敏感度也隨之提升。

在這個看似平常的用餐時光，我學會了將日常生活與工作相連結，並將每一次的交流和討論視為自我成長的機會。王董事長的教誨如同那餐桌上的菜餚，滋養著我對商業的理解，讓我在未來的職業生涯中，能夠更好地掌握成本控制的藝術。

每一餐不僅是用來填飽肚子，而是替未來的決策奠定基礎，讓我在生活的每一個細節中，都能找到成長的契機。

「在每一口食物中，隱藏著經營的智慧。」一如董事長所言，我期待著在這條學習的路上，持續探索更多的可能。

> 每一餐不僅是用來填飽肚子，
> 而是替未來的決策奠定基礎。

魚骨圖和午餐會報，企業文化的高度展現

「把問題像魚骨一樣拆解開來，就能看到核心本質。」令人印象深刻的是，王董事長使用「魚骨圖」幫助我們梳理問題的根源。

記得在紐約一次會議上，公司面臨一個棘手的挑戰，經過多次討論仍無法找到解決方案。當董事長得知情況後，他毫不猶豫地走上前，迅速指明了問題核心，並給出了清晰而明確的解決方案。那一瞬間，會議室裡的每一個人都對他的思維之清晰和全局觀念感到震撼。

「請記住，真正的力量來自於系統思維。」董事長緩緩地轉過身，語氣堅定地對我們說。根據他的指示，問題最終獲得圓滿解決。

這次經歷不僅展現了董事長卓越的領導才能，更深刻啟發了我們對整體思考的理解。

另一個讓我印象深刻的台塑企業文化，就是午餐會報，這不僅是一次例行會議，更像是一場集體智慧的碰撞。

總管理處定期派員到各子公司進行稽核，隨後在王董事長親自主持之下，專員報告結果。

當各部門的主管們分享各自的見解時，常常激發出意想不到的創新點子，從而推動整個企業向前邁進。董事長的提問不僅挑戰著主管們的思維，也讓我們深刻理解到追求卓越的重要性。

真正的力量，
來自於系統思維。

「擔任主管所賺的錢，幾乎都回流到長庚醫院了。」有位主管私

下開玩笑說著，無疑反映出午餐會報所承受的無形壓力。

　　然而，正是這樣的訓練，不僅提升了員工的能力，也推動企業在各方面持續成長。

　　在波多黎各工作日子裡，我的角色不僅是管理工廠的運營，還要負責工會的運作。當時，工會受到古巴政府的影響，背後亦有蘇聯的支持，員工們在他們的煽動下，發起了多次罷工，提出許多不切實際的要求。這一切不僅令管理層焦頭爛額，也讓臺灣總公司高層不理解為何有此情形。

　　面對這種場面時，我深知自己必須站在制高點，冷靜分析各方的需求和意圖，與工會代表會談的每一個瞬間，都像是一場對弈，隨時可能被情緒和矛盾撕扯。

　　我努力理解他們的不滿，並尋找雙方都能接受的折衷方案。

　　「我們需要在標準工時和產量上達成一致。」我在會議桌上冷靜地闡述，聲音中透著堅定。

　　工會的要求時常夾雜著不合理的因素，但我需要以冷靜與專業素養，合情合理地分析整體局勢，討論出一個可能性。

　　經過幾輪艱難的談判，我們終於找到了平衡點，制定了合理的工會契約，確保了生產的穩定。

　　最終，問題逐步得到解決，工會與管理層之間的關係也逐漸緩和。看到員工們臉上的微笑，聽到他們對未來的期待，心中不禁感到一陣欣慰。

這段經歷使我明白溝通的重要性，學會如何在衝突中尋找和平的
出口，將是職業生涯中值得記下的一頁。

> 學會如何在衝突中尋找和平的出口，
>
> 將是職業生涯中值得記下的一頁。

故鄉源緣圓，連結現在、過去與未來

等到波多黎各的業務穩定後，我終於得以抽身回臺省親。那時，
我已在取得博士學位後又過了一年半。

久未見么兒的父親已年近 80 歲，白髮蒼蒼的他總是帶著溫和的
笑容。當我這位從雲林縣台西鄉海口村走出去的美國博士，準備踏上
回鄉的旅程，故鄉的父老鄉親瞬間洋溢著無盡的驕傲與欣喜。他們想
要展開盛大的慶祝活動，伴隨舞龍舞獅和震耳欲聾的鞭炮聲。

「千萬不要過度鋪張啊！」我婉拒這項提議，表達自己的想法。

經過家人和鄉親的討論，最終決定請戲班子演出，同時告慰亡母
在我幼年時向上蒼許下的願望：「如果我能順利長大，將在我結婚時
演戲酬神。」

這份來自源頭、緣分和圓滿的強烈連結，既是時間的交匯，也是
命運的編織。我的心中充滿感謝，無論身在何方，根植於故鄉土地的
情感，始終是內心溫暖的力量。

「你爸爸年事已高，希望你能留在臺灣以方便照顧。」隔壁鄰居的叔叔得知我只是短暫回國，假期結束後就要回到波多黎各時，代替父親轉達了心聲。

聽到這番話，再看看父親越發駝了的背，心中充滿愧疚。

家人需要我，工作也需要我，兩者之間的平衡，是我必須面對的課題。我不禁思考，何為真正的責任？是全心投入工作，還是回到家中陪伴年邁父親？也許，人生的每一個選擇都是一道難題，而我需要的，正是勇氣和智慧。

記得小時候家貧，沒有時鐘也沒有手錶，而爸爸總是把月亮當作時鐘，觀看月亮走到哪兒，就知道是否該出海或該回航了。

我漸漸意識到，陪伴年老的父親是當前的要務。於是，我開始與董事長深入報告，探尋返臺的可能性，希望在職場與家庭之間找到一個合適的平衡點。

回鄉時與親朋合影。

衣錦還鄉，親朋好友歡欣祝賀。

　　我表達辭去波多黎各職位的想法，董事長非但沒有責難，反而指示我立即回到台塑總公司述職。

　　回到總公司後，除了主要的工作，我也參與了長庚醫院的部分業務。董事長不顧眾多的質疑聲浪創立長庚醫院，禮聘了多位其他教學醫院的重量級醫師，以強化醫療團隊的實力。讓我目睹了董事長宏大的格局與前瞻性的經營眼光，他志在將長庚醫院打造成臺灣一級醫院。

　　這份遠見與堅持讓我深感敬佩，也進一步堅定了我的職業追求，成為事業上持續前進的動力。

　　每一個選擇都是一扇窗，透過它，帶我看到了不同的風景。

　　回首過往，再次想起董事長給我的三條路，感謝當初那個岔出的選擇，讓我在人生的航程中，找到了更廣闊的天空。

人的一生，
來自源頭、緣分和圓滿的強烈連結，
既是時間的交匯，
也是命運的編織。

2-3

跨入仕途，改變命運的軌跡

人生就像一場旅行，我們都在尋找那條屬於自己的路。

然而，命運的轉折總是悄然無息，就像一通電話，打破了原有的生活，帶領我踏上全新的旅程。

「請問是林聰明嗎？」某個平常的早晨，當晨光透過窗簾的縫隙，斑駁地灑在書桌上，電話突然響起了。

那一刻，似乎預告了生命即將發生某個轉變。

一通電話，改變了命運的軌跡

「請問您是——」電話那頭的人是陳履安先生，臺灣工業技術學院（現已改制為國立臺灣科技大學）的首任校長，也是我在明志工專擔任助教時期的校長。

當時他在美國出差，卻特地打這通長途電話，希望等我畢業後，有機會邀請我到他的學校服務。

「你一定會喜歡那裡的環境與機會。」陳履安校長的聲音中透著熱情，我微笑地感謝他的信任與看重。

後來，毛高文院長成為臺灣工業技術學院的校長，由於他們標下了國防部的案子，急需一位精通實務與理論的專家，當時的臺大工學院翁通楹院長，是我就讀明志工專時期的校長，推薦了我去承擔，於是再次銜接上了這段因緣。

在研究國防部與臺北市政府的相關資料後，我們團隊草擬了一份規劃方案。當時負責這項業務的毛高文校長對此非常滿意，並希望我能全心投入執行，以確保專案的順利推進。

「我希望你能前來協助。」毛校長對我說。

「我仍任職於台塑，王董事長待我恩重如山，不能說走就走。」

我對他說。

緊接著國防部又有新的需求，沙烏地阿拉伯的工廠計畫即將展開。於是，毛校長親自登門向王董事長借將。

「我們希望可以借重林聰明的專業！」毛校長語氣堅定地說著。

董事長一向不喜歡失去人才，而我的去留在他的決策中猶如一顆關鍵的齒輪。

「好！既然國家需要他，就讓他為國效力。」經過一番周旋，他終於同意了我的借調，轉任臺灣工業技術學院副教授並承辦該項專案。

「台塑竟然連一個林聰明都留不住，真是可惜！」董事長私下一席話像一把利刃，讓我心中有著難過。

此後，儘管經常想著要回去看望董事長，當面解釋緣由，卻始終裹足不進，直到 1983 年榮獲「中國工程師協會的十大優秀青年工程師」，獲得各界肯定的我，才有了再次面對他的勇氣。

受領十大優秀青年工程師獎時，與明志工專前校長翁通楹先生合影。

「我沒讓董事長失望，這一切都是出於您的心血栽培……。」我向董事長表明心意。如果不是國防部的急需，如果不是臺灣工業技術學院的呼喚，或許我一輩子都不會離開熟悉的台塑。

命運的轉折總是悄然而至，就像那通電話，打破了原有的生活，帶領我踏上另一段的旅程。

命運的轉折總是悄然無息，
打破了原有的生活，
帶領踏上另一段的旅程。

2008 年的某一天，當我突然聽聞王董事長辭世的消息時，心中不禁湧起難以言喻的悲痛。這位啟蒙恩師，為我們的社會與產業做出了無數貢獻，在他的遺體送回臺灣，我兩度前往長庚大學的靈堂弔唁，心中默默祈願與緬懷，想要表達我對他的敬意與懷念。

他始終堅信，真正的成功不僅僅在於個人的成就，更在於為社會帶來的貢獻。這份精神，深深根植於我的心中，成為我未來努力的方向。

我希望以自己的行動，延續他所倡導的服務精神，努力為社會付出更多的力量。正如董事長所教導的，每一份付出都能成就更大的改變。我將以他為榜樣，攜手共進，為我們的社會持續奉獻。

春風化雨，燃亮心靈的旅程

在臺灣工業技術學院服務了八年，一路從副教授、教授、系主任到訓導長，這段時間猶如一場傳道授業的修行，也是一場春風化雨的心靈旅程。

在教育的這條道路上，師愛如燭，燃亮的不僅是學生的心靈，更是未來的希望。本著生命中遇到的良師，發揚這份師愛精神。

「如果我是一名老師，如何與學生順暢地溝通？」這些問題在我腦海中迴盪，化作一股不斷追尋的動力，驅使我在教學的道路上不斷探索。

在課堂上，我用心聆聽每一位學生的聲音，觀察他們的反應。當我看見某個學生眉頭微皺，眼神中透露出迷茫的神情，便會迅速轉換思路，舉出生活中的小故事，不僅讓艱深的理論變得生動有趣，更在學生心中播下了理解與應用的種子。師生之間的情誼因此愈發深厚，像春天的花朵般綻放。

在擔任系主任的過程中，我的視野愈加開闊。我明白，作為一名領導者，不僅要關注個人的教學與研究，更需在全系推動一種積極向上的研究氛圍。

於是，我常常提醒我的同學和同仁：「站在制高點看問題，心中要有大局觀。用心觀察，設身處地為他人著想，就會發現問題的另一種解決方式。」

教育路上，師愛如燭，
燃亮的不僅是學生的心靈，
更是未來的希望。

　　我的努力也得到了國際上的肯定，曾被日本亞洲生產力組織選拔為中華民國的國家專家代表，並受邀參加國際研討會。此後，多次代表國家參加國際科技管理會議，與全球專家交流，旨在提升國內科技管理的水準。在這樣的舞台上，我不僅是知識的傳遞者，更是文化的使者，將師愛的火焰帶向更遠的地方。

　　與此同時，政府宣布要儲備人才，開放公務人員甲等特考。甲等特考的定義是「拔擢高級人才蔚為國用」，自 1962 年修法後增設，及格者可獲得簡任職公務人員的任用資格。

擔任臺科大系主任時，邀請諾貝爾獎得主 Dr. Lucas 蒞臨演講。

世界地球日，國中小一週一蔬食推動成果記者會。

剛好有此時機，就隨順因緣地參加這場考試，報了名，踏上了這條未知的道路。我報考的是經建行政工業工程組，考題分為論文口試和筆試。最終取得該類組的第一名。

不久，行政院國科會提供進修補助，我便準備資料送件申請前往倫敦政經學院進修一年。就讀一段時間後，發現倫敦管理學院的課程更符合我的專長，於是便轉往那裡，透過歐洲進修學習，帶來一份新的體驗。

在英國的學習期間，我將研究成果發表論文，申請國科會獲得補助，於是前往法國和北歐參加研討會，藉此充實自己。

「人生就像一場旅行，我們都在尋找那條屬於自己的路。」我也以親身經驗鼓勵著學生們，要勇於冒險，對生命充滿期待。

> **人生就像一場旅行，**
> **我們都在尋找那條屬於自己的路。**

跨入公部門，意外中的意外

在我離開臺灣工業技術學院之後，人生的軌跡再次出現了重大的轉變。

1987 年，我被借調至環保署，首次進入公職，擔任環境監測及資訊處長。在這兩年裡，我深刻體會到環境保護的重要性和挑戰。

「政治有時是條不歸路。」這句話如同警鐘般在心頭敲響，讓我不禁思考其中深意。

在政治的世界裡，權力與責任交織，名利與道德對峙。每一個選擇，都是對未來的承諾，常常考驗著人性的底線與信念，每一步都得深思熟慮。

「我們肩負著重大的責任！」我對同事們喊話，在環保署的第一年，負責環境監測的工作，全心投入，努力讓每一個數據都能反映真實的環境狀況，特別是對環保署資訊系統管理的整合與改善，獲得行政院革新楷模獎。

第二年，簡又新署長調整我擔任廢棄物管理處處長，主辦廢棄物分類回收、設置焚化爐事宜、有效處理各地廢棄物，並受邀至瑞士分享我國推動成果，受到各國高度肯定，當時還獲得行政院環保署記一大功，以茲勉勵與表揚。

之後，又被轉調至教育部，擔任技術及職業教育司長，鼓勵技專院校開設證照及相關課程，如環境工程等相關設計或學程。在這個單位將近五年的時間，讓我對臺灣的技職教育有了更深的理解。

在此時期也督導幾個轟動全國的重大案件，包括：大漢工專董事會糾紛案、高雄國際商專罷課案，同時積極改革五大面向：

一、規劃建立證照制度，以發明、實作當老師的升等，開創升等管道。之後就任職訓局，仍繼續推動。

二、1994 年讓三專學制走入歷史，其中包括銘傳、實踐、世新改

制為學院。

三、研訂「發展與改進技職教育中程計畫」，從高職—專科—技術學院。

四、研訂並推動「發展與改進國中技藝教育方案：邁向十年國民教育目標（俗稱的國四班），讓不想升學的孩子找到春天，謀得一技之長。

五、首度推動技術學院評鑑，提升技術學院辦學品質。

隨著李登輝總統的執政時代到來，勞委會主委趙守博先生主導我國在國際技能競賽中表現出色，他向世界展示了臺灣的技職體系。而我，作為技職司司長，自然也成為了這個體系的重要推動者。

「你一定要把臺灣的技職教育體系介紹給外界！」趙守博主委對我說，語氣中充滿期待。

後來，職業訓練局局長一職空缺，趙主委在與我接洽後，確認了我的資格。這個職位需要國際觀、英文能力，以及對技職體系的瞭解與行政能力，而我正好符合所有條件。

於是，自 1994 年我接下了這個角色，開始了七年的新旅程，致力於勞工安全衛生與環境相關技術證照的推動，並開設多門與環保有關的職訓課程，工作範圍包括職業訓練、技能檢定、就業服務及外籍勞工的引進與管理的事項等等。其中，原本外籍勞工的申請程序，每件需要耗時三到六個月，簡化為僅需三到四個小時，大大提升了效率。

每一個選擇，都是對未來的承諾，

常常考驗著人性的底線與信念，

每一步都得深思熟慮。

還記得 1999 那一年，正是我擔任局長時期，負責全國的職業訓練、技能檢定、就業服務和外勞引進與管理。

9 月 21 日，局裡安排了一級主管去日月潭參訪，我卻因行政院的緊急會議而無法成行，同事們為了配合我的時間，順勢將活動延後一天，誰也未曾料想到一夕之間發生大事了！

【新聞快訊】今日（921）凌晨 1 點 47 分 15.9 秒，臺灣中部山區發生逆斷層型地震，總共持續大約 102 秒，震央位於南投縣集集鎮境內……。

【新聞快報】震殤！這場地震造成 2,415 人罹難，29 人失蹤，11,305 人受傷，另有 51,711 棟房屋全倒，53,768 棟房屋半倒……。

【新聞連線】現在傳來一則令人振奮的好消息，搜救團隊不放棄之下，發現一位受困 86 小時生還者……。

電視新聞不斷播送著慘痛的災情，那一刻，整個臺灣都被地震的怒吼撕裂——。

震動的土地上，傷亡慘重，彷彿整個世界都在搖晃。人們的心中充滿了不安與惶恐。

「若是那天我們兩輛遊覽車，開往日月潭的路上……。」我不禁感慨，命運的齒輪在那一瞬間轉動，因緣巧合讓我逃過這場天災的衝擊。我從受災者轉變為救援者，投入到震後救援的行列中，參與實施「以工代賑」的措施。

「我們必須行動起來！」在一場又一場的緊急會議上，聽著同事們的討論，我登高一呼，感受到一種前所未有的責任感。如果那天我也在日月潭，無法參與救援，局裡的其他幹部也將缺席，臺灣的災後重建將受到影響。

我快速斬斷回憶的漩渦，不再細想下去，人心脆弱，只有行動才能重新點燃希望。

人生的轉折總是如此意外，未來的道路在挑戰中悄然展現。在每一次的抉擇和變動之中，讓人學會了珍惜，並且把握住那些看似偶然卻深具意義的機緣，提醒自己，永遠活在當下，並為這個社會努力做出貢獻。

正是這些經歷，讓我對自己的使命有了更深的理解，也讓我在服務臺灣公私部門的道路上，邁出了更堅實的一步。

任技職司司長時，陪同李前副總統元簇視察國立雲林技術學院籌備處。

1994 年接掌職訓局局長。

1996 年 2 月 28 日率十大技術楷模拜會李前總統。

1996 年任職訓局局長時，推動南非專案。

2001 年赴北京參加 APEC 會議。

獲頒行政院模範公務人員獎。

> 人生的轉折總是如此意外，
> 未來的道路在挑戰中悄然展現。

海口村的孩子，一步步邁向校長之路

2001 年，隨著雲科大校長的職位空缺，我被推薦參加競選。當時一共有七位優秀的競爭者，我心無旁騖地來到現場，分享自己的治學理念。

「我從未想過自己會成為大學校長，」我在台上說，「但我深信教育能改變人生，透過教育能夠帶領學生翻轉生命，走向希望的未來！」

最終，經過一番激烈的投票，一個出身自鹽分地帶海口村的小男孩，隨著命運的兜兜轉轉之下，回到了家鄉雲林，開啟了近八年的校長生涯。

這是一段充滿治學理念與教育挑戰的時光，我努力推動校園的發展，期許能夠讓每一位學生找到自己的夢想。

有感於技職體系應有自己的特色，因此為這所頗具發展潛力的學校提出「領航技職」、「並駕高教」、「帶動產業」、「邁向國際」四大目標。為了達成目標，又訂出學校發展策略為：全面建構具有人文、藝術氣息的學習研究環境，全力推動產業化、國際化、e 化，將學校定位為「教學與應用研究並重」的科技大學。

我透過管理學的 SWOT 分析，將台塑企業的成本分析、設定標準流程、制度化環節也在此落實，找出雲科大「著重產學合作」的特色和優勢，推動「老師 3+1」、「學生 1+4」兩大方案。

◎老師 3 + 1 方案

提供老師在校授課三年，可以申請至業界工作一年。「老師 3 + 1」的設計，是走出象牙塔的反向操作，讓老師和業界接觸，加強實務能力，連結教學與業界，增加產學合作的機會，而非侷限在校園的象牙塔裡。

由此延伸至「老師走出去，學生才能走出去」，老師的經驗影響了學生的未來。

◎學生 1+4 方案

1 就是一張畢業證書，4 就是四張就業能力證明，包括一張專業證照、一張外文證照（主要以英日文為主）、一張資訊證照（Information），以及一張參加社團證明。

透過師生共進的帶動之下，順勢提高競爭力，經教育部評比國立技職校院獲頒「爭取產學經費與效率」、「產學合作參與廣泛程度」雙料冠軍。

藉由記者會的機制，與校內各部門推廣雲科大的品牌，讓更多校外人士認識這所優秀的學府。這不僅是一次宣傳，更是連結資源、建立緊密合作網絡的契機。每一次的曝光，都是對雲科大精神的傳遞，

讓更多人瞭解我們的價值與願景。

經過七年多的努力，師生表現耀眼。校務評鑑、教學卓越計畫、產學合作、國際合作、校園 e 化等項目，都被教育部列為標竿學校，並榮獲全國技職風雲榜第一名。

我也爭取到主辦「2006 年全國大專運動大會」的機會。這是一個歷史性的任務，深知責任重大，因此號召全校師生攜手合作，凝聚共同的共識。這場盛會不僅展示了組織能力，更彰顯了團隊精神。在教育部長官的指導與支持下，最終圓滿完成了目標，並獲得一致肯定，稱讚這是十年來辦得最好的大會！

除此之外，為了推動國際化並提升學校的知名度，我積極要求各院系爭取全國性和國際性的研討會在校舉辦，不僅限於學術交流，還包括協助福智文教基金會舉辦「大專學生生命教育成長營」。這項活

在教育部工作時，毛前部長與大家合影。

1996 年與影視明星推廣技能活動宣導。

動中，千名義工的投入讓整個成長營順利運作，展現了凝聚力與奉獻精神。

在這七年多的時間裡，學校舉辦的大型活動已超過 200 場，不僅豐富了學生的學習經歷，也塑造了校園文化，讓雲科大在教育界佔有一席之地。透過這些國內外盛會，學生與來自不同背景的專家學者交流，得以拓展視野，進一步激發了學習熱情和創造力。

同時，為了教導鄉村部落的居民使用電腦，推動「縮短數位落差」計畫，到參與投標，協助友邦貝里斯成立資訊科技訓練中心，深獲好評，更進一步參與多個友邦國家的數位落差規劃方案，讓雲科大成功站上國際舞台，看到全體師生的好成績，身為校長的我也與有榮焉。

2008 年，臺灣的教育改革迎來新的機會，我被教育部鄭瑞城部長延攬為教育部常務次長。然而，接下來發生的八八水災卻使臺灣陷入困境，造成 681 人死亡，民眾對政府的不滿情緒高漲，造成時局一番動盪。

隨著新內閣上台，吳清基接任教育部長，當時的教育部內部也有了一些調整。2009 年 9 月，我從常務次長再度升級為政務次長，接下了這份職位背後的責任，在任內持續推動並完成許多事蹟。卸任時，獲得當時教育部蔣偉寧部長、陳益興政務次長、陳德華常務次長、王作臺主任秘書與一級主管暨全體同仁共同署名，致贈「功在教育」感謝牌。

功在教育

　　林博士聰明，學者從政，著作等身，謙和誠毅，忠勤廉能。歷任教育部技職司司長、行政院勞委會職訓局局長、國立臺灣科技大學教授、國立雲林科技大學校長、教育部常務次長、政務次長等職務。渠承擔公職則勤敏務實，有守有為；奉獻教育則產學合成，德術同光。茲謹舉述犖犖大端者，隨列如次：

一、長期投身環境教育。致力地球永續、心靈環保，榮獲聯合國氣候變遷框架公約會員國「全球永續發展英雄獎」殊榮。

二、規劃策辦第八次全國教育會議，凝聚各界共識，開創教育願景。

三、訂定邁向頂尖大學計畫，提升我國大學之國際競爭力，厚植國家發展導進力量。

四、擘劃大學彈薪方案，為國家高等教育體系留才、攬才及育才創新制度。

五、推動陸生來臺就學及中國大陸學歷採認政策，奠定兩岸和平發展良好基礎。

六、打造臺灣成為東亞高等教育重鎮，擴大境外學生來臺留學，強化臺灣高等教育產業發展優勢。

七、開展全球華語文教育八年計畫，策訂全球布局策略，協助友邦發展在地化之華語教學。

八、依據國家政策，結合相關部會推展「培育優質人才促進就業計畫」，提供大學畢業生就業機會。

九、建立技專證照制度，增修訂技職教育法令，推動技術學院評鑑，成立技職教育課程研發中心，實施發展與改進技職教育中程計畫，辦理高職生丙級技術士檢定，督導訂定技職教育再造第一期、第二期方案。發展典範科技大學，為技職教育確立可大可久之體制。

十、擔任雲林科技大學校長，治校成績卓越，榮獲國立教職技院「爭取產學經費與效率」及「產學合作參與廣泛程度」雙料第一。

林政務次長以「善心、善念、善行」為安身立命之核心思維。治校授業，精實卓越，融合產學，致力務實致用；為人處世，溫良恭儉，勵志鍊心，營造永續寰宇。吾等同仁，共事共行，誠與有榮光焉。

教育部部長 蔣偉寧　政務次長 陳益興
常務次長 陳德華　主任秘書 王作臺　與一級主管暨
全體同仁 敬致

中華民國　102 年 1 月 15 日

　　同時，我也致力於環境保護工作，督導教育部環保小組在環境教育、永續教育與節能減碳業務在全國校園之推動，例如成立各項環境教育與節能減碳輔導團，深耕校園環境教育。

　　工作繁忙之餘，亦常至國內外各地以環境保護為主題之演講，迄今有紀錄且規模較大者近 200 場次，包括教育部（擴大部務會議、環境教育講座及各項會議場合）、財政部、學校單位（大專院校學務長會議、各級學校校長會議、校長候選人儲備研習會議、課外活動組長會議、生活輔導組長會議、教官座談等等）、民間社團會議（扶輪社、各宗教團體、文化教育類社團幹部會議、全國文化教育基金會負責人座談會議等予以宣導），以及受邀到英國、印度、泰國等地進行關於環境保護之演講，均獲得不錯的迴響。

　　倡議環保的演講內容大多與日常生活相關，便於民眾能在日常生活中實踐「舉手之勞做環保」，以及觀功念恩的心靈環保等概念。隨著宣講的次數越來越多，所引發對環保的認同度也就越廣，無形之中，蔬食成了人們共同的話題，環保成了人與人共同的語言，並在日常生活中實踐。

　　2013 年，我從教育部正式退休，教育部歡送會由曹翠英同仁代表致詞，演講稿全文如下：

　　部長、次長、主秘，在座各位貴賓、本部各位夥伴，大家晚安、大家好：

　　藉今天這個機會，由我代表各位夥伴在這裡致詞，說幾句話，我想各位跟我一樣，心中對林政務次長充滿不捨、感恩與感動，無論是業務歷練上，或是在為人處事上，從林次長身上所散發的謙謙君子典範，相信各位都能耳濡目染，也能充分感受到，如同易經64卦中，6爻皆吉的第一吉卦「謙卦」，在林次長身上看得到，換句貼近的話，就是在次長身上看得到「真、善、美」，就像電視上所看到的廣告台詞：「就是那道光，就是那道光」，對吧。

　　剛剛看到播放的照片剪集，惜別會上，總要不能免俗地，說說次長的政績。回溯20幾年前，次長初來乍到，就是個戮力從公的人(24小時當48小時來用)，擔任技職司司長任上，督導幾個轟動全國的重大案（扮演救火隊），同時也奠下了很好的基礎，我舉兩個例子跟各位報告、分享：

　　第一、花蓮：大漢工專董事會糾紛案。純樸的花蓮，發生了兩派董事互砍、互潑硫酸事件，嚴重影響學校正常運作，而後將董事通通解職，由本部聘五位學者、兩位督學，組成七人小組的公正董事，代行董事職務，後來成為處理許多私立學校董事會的重要機制。

　　第二、高雄：國際商專罷課案。12位教師在升旗台上絕食抗議，因為創辦人陳○（個資法不能說全名）、董事長、董事等父子不當干預校務，而校長未站穩立場，去維護老師跟學生應有的權益，導致事件一發不可收拾。後續，還好部長、次長大力支持，司長跟工作團隊日以繼夜地處理，才讓問題平息，事件得以落幕。這個事件，大家最深刻的感受是「筋疲力竭」，上法院、檢察官傳訊（上過十個以上的法院，不像現在可請律師代為出席），成了家常便飯，反而練就，當時司長的次長跟我們幾位，百毒不侵、金剛不壞之身，吃苦當作是吃補（臺語）「補一下」，而我們次長補了很多，我在他麾下，也分了一些「百毒不侵藥丸」。

　　其他，積極的改革，我舉個五項：

一、規劃建立證照制度，以發明、實作當老師的升等，開創升等管道（次長後來去了職訓局繼續推動）。

二、1994年讓三專學制走入歷史，包括銘傳、實踐、世新改制為學院。

三、研訂「發展改進技職教育中程計畫」（從高職–專科–技術學院）。

四、研訂並推動「發展與改進國中技藝教育方案——邁向十年國民教育目標」（俗稱的國四班），讓不想升學

的孩子找到春天，謀得一技之長，奠定技職教育向下
扎根基礎。

五、首度推動技術學院評鑑，提升技術學院辦學品質等
等。

在常務、政務次長任內，襄助部長更是建樹良多，我舉十
項重要、大家耳熟能詳的事蹟，有些已經完成的，有些還持續
在推動：

一、督導：(從 1994 年) 相隔 16 年後，召開第八次全國教
育會議，凝聚教育的共識。

二、督導：推動邁向頂尖大學，提升大學國際競爭力，如
今已進入第二期。

三、督導：技職教育再造第一期方案，以及最近的第二期
方案的研擬，強化技職特色。

四、督導：研擬人才培育白皮書，建構全球人才布局。

五、督導：規劃並推動陸生來臺各項措施。

六、督導：打造臺灣成為東亞高等教育輸出重鎮。

七、督導：推動全球華語文教育八年計畫，協助友邦發展
在地化華語教學。

八、督導：全面強化弱勢扶助計畫。

九、督導：穩健推動 12 年國民基本教育。

十、督導：推動幼托整合等等。

我們都知道「助人為快樂之本」，這不是老師教的，而是用科學方法測量腦波、多巴胺的分泌就知道，它是一種讓人有幸福感的腦內分泌物，顯示助人會令人既快樂又健康，像次長推動地球永續、心靈環保，數十年如一日，榮獲聯合國氣候變遷框架公約會員國「全球永續發展英雄獎」殊榮，高中職以下有93%推動蔬食，最近更獲得連環保署長都不一定有的殊榮，是環境教育人員認證——政府機關的NO.1(因為至少要有20年以上經驗)。次長本身就是個「身在公門好修行」的表率，所以被佛光普照的星雲法師給挖角去了。

我們知道，次長雖貴為政務次長，接近權力而刻意保持，是一種難得的政治境界。素樸、誠懇，「真、善、美」就是他最大的能量，相信他無論到那兒，都散發著「光」跟「熱」，那道光、那道彩虹，那份溫暖，也在我們心裡，隨著時間一分一秒的過，我們真的非常不捨次長的榮退，但「天下無不散的筵席」，相信部長更捨不得，如此倚重的左右手，但還好，還在我們的勢力範圍，將來要借重次長的機會，只會多不會少。(容許我在這插個梗。偷偷告訴各位，我們的次長生肖屬牛，追隨過他的人，都知道他閒不下來！這樣的暗示，配合部長再三宣導，希望各位夥伴不要「常常加班，早點回家營造溫馨的

家庭」，各位知道後續我們的奧援在那兒囉），各位說，對不對！

　　詩人周夢蝶大師說：「詩乃門窗乍開時，一笑相逢之偶爾。」我們希望它能久久長長，在此，寫了首簡單的詩，念出來，送給我們心目中敬愛的次長，以及未來南華大學校長，當作留念：

　　如果清唱　可以代表我們的思念，

　　相信　山澗一定綿綿長長，

　　飛鷹　在前方引路，

　　蒼穹山林　盡在眼簾，

　　以　智慧、慈悲與愛，

　　以　一條極美的弧度　貫穿過去、現在與遠方，

　　把自己　留在更芎蒼的天際，

　　映出　更澄更清的蔚藍，

　　傾以　全心全意的純粹，

　　無色無味　如您，

　　從容走過　而不沾染，

　　任何　雲的情緒

　　最後，祝福次長到即將赴任的南華大學，校運昌隆，校務蒸蒸日上，所有與會的貴賓、各位夥伴，身體健康、萬事如意，謝謝大家！

教育能改變人生，
透過教育能夠帶領學生翻轉生命，
走向希望的未來。

在這段時間，星雲法師曾來尋我，希望我能夠主持佛光大學。作為一名虔誠的佛教徒，我深感榮幸。然而，在與內閣成員商量後，他們都希望我能留在教育部繼續服務，因此婉拒了這個邀約。

世間萬法，都是因緣和合而存在，面對高低起伏的生命歷程，我學習以平常心對待每一件事。

正如《道德經》所言：「上善若水，水利萬物而不爭。」這種不爭的精神來自於知福、惜福，透過累積生命的福報，匯聚成強大的正向能量，進而造福萬事萬物。

知福、惜福，累積生命的福報，
將匯聚成強大的正向能量，
造福萬事萬物。

回望前半生的旅程，雖然充滿了曲折與挑戰，但每一段經歷都讓我更加堅定。生命中每一個因緣而來的機遇，都是對於心志的磨練，促使我們成長、蛻變，成為一個更好的人。

「你的善心、善念、善行,都會影響到你周邊的人!」對於學生與後輩,我總是鼓勵他們留意生活中那些微小的善舉——做好事、說好話、存好心,讓它們匯聚成為生命的助力。

善的教育猶如一束光,能夠改變世界,也如同一把種子,能夠在心中種下希望。我期待,一顆顆懷抱希望的善種子,持續在這塊大地上,生生不息。

世間萬法,
都是因緣和合而存在,
面對高低起伏的生命歷程,
我學習以平常心對待每一件事。

參與「2011 年全球佛教大會」(Global Buddhist Congregation 2011)。　到圖書館巡視。

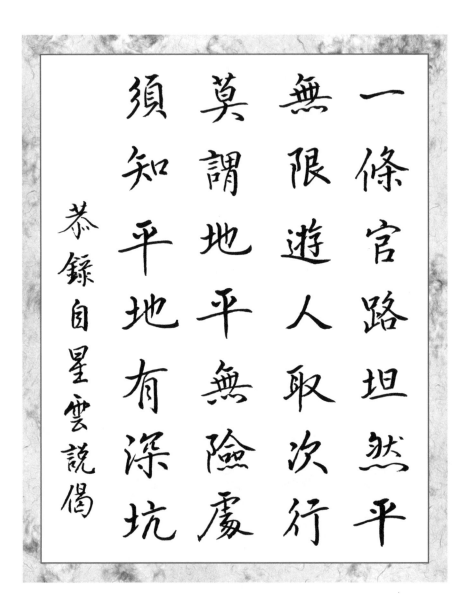

一條官路坦然平

無限遊人取次行

莫謂地平無險虞

須知平地有深坑

恭錄自星雲說偈

恭錄自《星雲說偈》。

3 / Chapter

圓：慈悲款待.
獻給這個美好世界的禮物

　　這份教育的願景，實際上是獻給美好世界的禮物。它鼓勵我們珍惜當下，擁抱生命中的每一個瞬間。

　　在這條邁向圓滿的旅程中，讓我們攜手前行，透過教育的力量，探索生命的深度與廣度，讓每個生命都能在這個世界上閃耀出獨特的光芒。

3-1

順緣而至，隨大師腳步走進南華校園

大師深知教育是匡正人心、改變世界的關鍵，並以「心懷度眾慈悲願，身似法海不繫舟」的豪情，讓無數眾生在信仰的浪潮中找到歸宿……。

「**大學不只要教學生讀書、**還要教做人，期盼南華在林聰明領導下，開啟嶄新里程碑。」星雲大師在「第六任校長就職典禮」如是說。

2013 年，當大師再次邀請我擔任南華大學校長，因緣而至，接下校長職務，我懷著「為利有情願成佛」的心念，率領全體同仁竭力以赴。

大師開示，教育是改變世界的關鍵

在這個瞬息萬變的時代，許多人對信仰的追尋或許只是一陣浮雲，但有一個人卻如燦爛的星辰，恆久照亮著無數心靈的黑暗，那就是——星雲大師。

大師不僅是宗教的領袖，更是人類精神的引導者，在與佛光山的緣分中，我有幸深刻體會到這位「貧僧」的宏願與智慧。

初見大師，他的簡樸令我驚訝，正如一朵不加修飾的花，卻散發出芬芳，身懷慈悲，心懷理想，以弘揚佛教為己任，憑藉著超凡的毅

就職典禮，創辦人星雲大師致送印信。

力與遠見，讓佛法在五大洲的土壤中生根發芽。

過去的 60 年裡，他在海外開創道場，如同精明的企業家拓展市場，只不過他所追求的，卻是靈魂的救贖與智慧的傳承。

在與各地信眾的互動中，我深刻感受到弘法之路的艱辛。語言的隔閡、文化的差異、法律的約束，無一不是考驗，但佛光山不屈不撓，終在全球建立了 300 多個道場，像一顆顆璀璨的星星，點亮了信仰的夜空。

大師的志向如大海般深邃，他以「心懷度眾慈悲願，身似法海不繫舟」的豪情，讓無數眾生在信仰的浪潮中找到歸宿。

> **星雲大師身懷慈悲，**
> **心懷理想，以弘揚佛教為己任，**
> **憑藉著超凡的毅力與遠見，**
> **讓佛法在五大洲的土壤中生根發芽。**

大師深知教育是匡正人心、改變世界的關鍵，他不僅在宗教上推動改革，更在教育上投入心血——5 所大學、3 所中小學、20 所佛教學院、20 間社區大學，以及 30 餘所幼稚園、托兒所的成立，宛如在社會的沃土中播下希望的種子，讓知識與智慧如泉湧般滋養每一顆渴望成長的心靈。

　　大師所發起的雲水書車、行動圖書館，更如同一條涓涓細流，深入偏鄉，將書籍的滋養送到每一個角落，同時把理念透過媒體宣導，近 400 本著作，達 4,000 萬文字之多，並在全球設立 22 個美術館、上千個讀書會和《人間福報》及《人間衛視》來宣揚正法，進而影響好幾億信眾，真的是佛光普照三千界，法水長流五大洲。

　　每當有境外賓客造訪，對於大師提出「做好事，說好話，存好心」九字箴言，簡單卻寓意深刻，無不感到震撼與讚嘆。這些樸實的教誨，如同晨曦的第一縷光芒，喚醒了沉睡的良知。

　　若是每個人都能秉持這份簡單的信念，這個世界就能朝著更美好的方向邁進。

　　「問我一生何所求，平安幸福照五洲。」星雲大師以一己之力，為人類點燃了智慧的明燈。

　　大師的影響力，如同春風化雨，悄然無聲卻是無處不在。每一座佛光山的道場，都是他智慧的延續，每一個信眾的心靈，都是他精神的共鳴。大師的追求，讓我們看到了心靈的光輝與生命的無限可能，這份願景將永遠激勵著我們，向著更高的境界攀登。

大師的影響力，

如同春風化雨，

悄然無聲卻是無處不在。

請益大師，管錢、管物、管人和管心

「佛光山那麼大，大師是如何管理的呢？」常有人這麼問星雲大師。

記得大師曾這麼說，一般在家人是過「有」的生活，「有」家庭，「有」假期，「有」窮有「盡」，「有」限「有」量；出家人過的則是「空無」生活，「無」假日，「無」薪水，心甘情願，為社會大眾服務，「無」限「無」量，「無」窮「無」盡。只要上下大眾同甘共苦，只要心平，不要有人我是非的心放在心上，就能自在。

星雲大師還特別提到，管錢，錢不會講話；管物，物不會開口；管人就難，但管人還不是最難，最難的是管自己的心。大師的意思，是希望大家可以不比較、不計較，同時用《十修歌》勉勵大眾——

一修人我不計較；
二修彼此不比較；
三修處世有禮貌；
四修見人要微笑；
五修吃虧不要緊；
六修待人要厚道；
七修心內無煩惱；
八修口中多說好；
九修所交皆君子；
十修大眾成佛道。

我在眾中

為了弘揚佛法，大師在弘法時常忘了自己身體的疼痛，與病為友，以 2015 年 3 月在澳洲南天寺的開幕典禮為例，當時已高達 90 歲的大師為了澳洲之行，舟車勞頓，旅行遙遠。

「大師，您身體好嗎？」前一天抵達時，我有機會向大師致意：「還好，但腿麻痺。」他微笑說。

可是接續的行程滿載，除了要接待很多貴賓大眾，還要開示，但大師的精神依然抖擻。隔天會見澳洲總理及我駐澳代表、貴賓，一點也看不出身體有痛楚，我認為唯有「無私無我」才能達到這樣的境界。

**出家人過的則是「空無」生活，
「無」假日，「無」薪水，心甘情願，
為社會大眾服務，
「無」限「無」量，「無」窮「無」盡。**

2012 年佛陀紀念館開幕，大師把建築當成社會教育的館場，前面設有八塔（八正道），後面供有大佛，南邊有靈山，北有祇園，宏偉的格局，讓人大感佩服，不用細說佛法傳承，卻達到不說而說的宣揚。

星雲大師提倡「人間佛教」，就是透過對佛法的理解與實踐，增加人生的幸福、安樂與美好，除了創建心靈工程，也落實在設施的規劃，打造無障礙的友善館場，以愛心和細心顧及有需求的人們。

　　在我擔任教育部次長期間，有鑑於地球暖化日益嚴重，蔬食不但有益健康，亦是減少二氧化碳的良方，曾大力推動「每週一蔬食」、「環保救地球」活動，響應的中小學達 93% 以上，因而受邀至印度參與「2011 年全球佛教大會」，為開幕典禮致詞並分享推動蔬食的經驗與成果，受到國際間的矚目，佳評如潮。

　　隨後於 2012 年受到聯合國的肯定與重視，和前美國總統歐巴馬（Barack Obama）的夫人蜜雪兒（Michelle Obama）等 21 個人於 2012 年勇奪「聯合國氣候變化綱要公約第 17 次締約國大會」（COP17）頒發「全球永續發展英雄獎」，這份榮譽除了肯定臺灣校園蔬食經驗外，更希望把臺灣校園蔬食經驗推廣到全世界。

　　「為了能夠推動蔬食，可否提供 30 元或 40 元吃到飽的蔬食餐廳？」因為茹素多年與長期推廣健康蔬食，在我擔任南華大學校長期

聯合國永續英雄獎受獎照。　　　　2012 年榮獲聯合國全球永續發展英雄獎。

間，曾為此就教大師。

　　大師當即點頭，採用「30 元吃到飽方案」，於是每天竟湧入 700 至 800 人前來，連附近的居民也爭相造訪，後來可能影響了周遭餐廳的生意，加上政令繁文縟節的申請規範，不得不關掉大學蔬食計畫，改為成立「滴水坊」，用正規的方式經營蔬食，並補助中低收入者 50 元吃到蔬食計畫，讓這份美意延續下去。

人間佛教，
就是透過對佛法的理解與實踐，
增加人生的幸福、安樂與美好。

接受行政院頒發模範公務人員獎。

巧結善緣，啟動蔬食與教育因緣

我與星雲大師及佛光山的結緣，如果從啟蒙算起，至今已有 30 多年了。

記得有一次曾經率一參訪團至澳洲交流，利用空閒拜訪佛光山的道場。休息期間，剛好播放懺悔文佛曲：「往昔所造諸惡業，皆由無始貪瞋癡。從身語意之所生，一切我今皆懺悔。」觸動了心弦，當場就淚流滿面。

2002 年，佛光山恭迎佛指舍利子來台，在遶境的過程中，在沒有心理準備下參與迎接。隔天適逢在臺大體育館進行恭迎法會，我與內人正巧在該校散步，由於好奇心的驅使，就在法會會場後面窺視及聆聽法音與讚頌，居然當場嚎啕大哭。自此之後每遇葷食，即起嘔吐，啟動了蔬食因緣，讓我感受到佛法之不可思議。

猶記得，當年在義守大學參加全國大學運動會開幕典禮之後，臨時起意，前去參訪佛光山，沒想到又適逢佛光山舉行恭送佛指舍利子離山之法會。人生就是這麼巧合，與佛指舍利子既迎又送，且與佛光山結下如此之深緣。

因此，當我跟隨星雲大師的步伐走進南華大學，更有機會與佛光山諸位長老互動與學習，以及向大師請益、領受加持及開示，讓人對大師的一生豐功偉業感到讚嘆及敬仰。

佛光山恭迎佛指舍利子來台，
恭迎法會，聆聽法音與讚頌，
啓動了蔬食因緣，
讓人感受到佛法之不可思議。

「三好南華，永續寰宇。」時光匆匆，在南華耕耘十年，教導學生從生活中力行三好、正念慈悲、互助施捨、關愛他人，同時亦感恩惜福、節約減碳、倡環保愛地球、關愛大自然，以期深化生命教育的意義與價值。

其中的「三好」，即是星雲大師 1988 年 4 月所倡導的「做好事、說好話、存好心」，並於 2011 年啟動「校園三好活動」，如今每年均有數百間學校參與，希望藉由校園之推動，青年學子能夠成為社會安定之種子。

「做好事」是在於行善，希望對社會有所幫助，「說好話」是希望說出受用且能幫助到人的好話，「存好心」則是希望人隨時都有善待別人，祝福別人的心。透過三好觀念與生命教育連結，落實到生活中成為南華大學的特色。

就任南華大學校長 11 年來，即致力推廣「健康蔬食」，營造並建構節能的生態校園，強化永續環境，獲獎頻傳，連續九年（2016 至 2024）榮獲「世界綠色大學」百大評比，其中在廢棄物處理項目排名全國第一，亦曾為全球第一。規劃十年內打造碳中和綠色校園，扎根

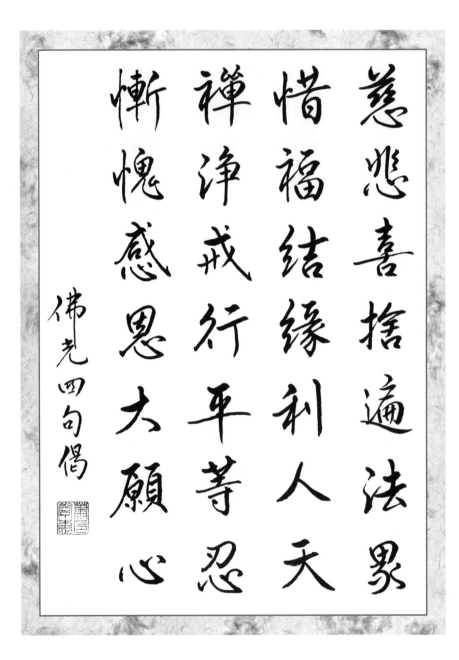

慈悲喜捨遍法界
惜福結緣利人天
禪淨戒行平等忍
慚愧感恩大願心

佛光四句偈

綠色環保理念，並協助大林鎮取得「慢城」國際認證，推廣無毒農作，深耕食農教育，以及積極推動環境保護，2014 年起迄今每年發行的企業永續報告書，曾獲臺灣永續能源研究基金會「企業永續報告」金獎、TOP50 企業綜合績效永續獎，以及香港《鏡報》文化「學校社會責任獎」，2017 年更榮獲行政院國家永續發展委員會頒發「國家永續發展獎」、2018 年獲經濟部「國家品質獎——永續發展典範獎」、2019 至 2023 年連續五年榮獲行政院環保署「國家企業環保獎」金級獎、巨擘獎，2020 年亦榮獲行政院環保署「綠色行動獎」，2019 年榮獲英國標準協會「BSI 永續傑出獎」，2020 年通過環保署環境教育機構及場域認證，是南臺灣唯一獲此雙認證的學校。

南華大學肩負孵化環境教育人才的使命，2020 年更接軌國際出版永續責任報告書，致力邁向聯合國 2030 SDGs 永續發展目標，2020 至 2023 年獲英國泰晤士報世界大學影響力排名 401 ～ 600 名，全國排名並列第 11 名，是南華大學力推環境保護的世界影響力在國

三好校園 永續寰宇

2014 年榮獲臺灣企業永續報告獎「銀獎」，由金管會主委曾銘宗頒獎。

2016 年獲「國家企業環保獎」金級獎、「綠色行動獎」。

2018 年榮獲「國家品質獎——永續發展典範獎」，由蔡英文總統頒獎。

2021 年連續三年榮獲國家企業環保獎「金級獎」，獲頒「榮譽環保企業獎」。

在人間衛視分享「善解人間」。

2023 年榮獲「榮耀雲林典範獎」，由張麗善縣長頒獎。

際上的展現，值得每位師生們齊聲喝采。

南華大學有今日的辦學成績，諸如教學評鑑續優通過、屢獲國內生命教育及環境永續的典範特色大學、世界百大綠色大學、全國私立大學學術資源影響力第一名、世界佛教大學排名第八名和全台第一名等等，是大師的恩澤加被，其功不可沒。同時，感謝創辦人星雲大師及慈惠法師董事長及諸位董事監察人的信任及指導，感謝心保和尚及佛光山所有法師及功德主的支持，當然也要感謝學校全體老師同仁同學的配合。

校園裡的每一片樹葉、每一朵花，都在訴說著生命的奧秘，而我有幸跟隨大師的腳步，走入這座綠林密布的校園，留下生命的永續印記。

校園裡的每一片樹葉、每一朵花，
都在訴說著生命的奧秘。

3-2

翻轉南華校園，從三好生命教育開始

生命教育，沒有標準答案，需要用真心陪伴，聆聽每個生命的不同，共學成長從別人的需要，看見自己的責任；也從生命教育，看見教育的希望。

一次參與佛光山舉辦的「三好校園共識營」，讓我獲得許多啟發，心靈也隨之澄澈。

我坐在會場中，聆聽四所典範三好校園的報告，發現每所學校都在用心實踐「三好」精神，他們的努力，無不致力於促進校園和諧，並淨化學生的心靈。

落實三好，校園與學子共好

走在南華大學的校園裡，邁開的每一步彷彿都在訴說著一個典範傳承的故事——這是一所由星雲大師創辦的學府，承載著獨特的宗教背景與精神價值。

自創校以來，我深信，這裡將會成為「三好」精神的搖籃，而這份精神——做好事、說好話、存好心，正是南華的核心信仰。它不僅僅是一句口號，而是一種引導行動的力量，深深植根於我們的教育理念之中。

為了讓「三好」精神在校園中生根發芽，我們設立了「三好校園推動委員會」，由我親自領導，制定了「三好校園實施辦法」及「三好護照認證制度」。這不僅是理念的宣揚，更是具體行動的呼籲。

校園彷彿成了一片充滿生機的沃土，隨處可見「三好旗」和「三好燈」，這些象徵時刻提醒著每位學生去反思自己的言行。同時透過「三好歌」，我們試著將音樂與精神融合，讓學生在旋律中陶冶性情，潛移默化地吸收善念的滋養。

　　「做好事」能改變一個人的命運，如同涓涓細流匯聚成江海，匯聚著每一份善行的力量，最終形成改變的洪流；「說好話」則能促進團隊的和諧，猶如一把調和的鑰匙，開啟彼此心扉的同時，創造出共鳴的樂章；而「存好心」則能轉變一個人的態度與處世之道，讓每個心靈在陽光下茁壯，散發出溫暖與希望的光芒。

　　每一個行動、每一句話語、每一顆真誠的心，都如同繁星點點，照亮我們前行的路，讓這個世界因善意而美好。

　　如果每個人都能實踐「三好」，我們的社會必將變得更加和諧美好。這不僅僅是我們的期望，而是我們努力的方向——塑造校園的倫理文化，進而引導整個社會的善念與和諧。

　　每逢重要的節日，像是母親節、教師節等，鼓勵學生書寫感恩卡，讓他們以最真摯的心聲向母親、老師表達感謝之情。同時，舉辦蔬食環保、淨掃等活動，將「三好」理念融入生活的每個角落，讓學生在實踐中體悟生命的意義。

　　為了更好地瞭解「三好運動」的推動成效，學校特意設計了問卷，評估學生的變化與成長。令人欣喜的是，結果顯示，學生的自我效能提升了 85%，這意味著他們對自身能力的信心大大增強；自我價值感增強了 85%，讓他們更加認識到自己的重要性和存在的意義。同時，同理心也增加了 82%，這不僅有助於建立良好的人際關係，更能促進社會的和諧；而情緒困擾則降低了近 62%，顯示出學生在心理健康方面有了顯著改善。

不僅如此，教師們的教學生命力與生活生命力也都有顯著提升，達到了 55%。這不僅是對我們努力的肯定，更是對未來的激勵。在這樣的氛圍中，教學不再只是知識的傳遞，而是心靈的交流與情感的連結。

多年的「三好運動」，不僅改變了學生的態度，更深刻地影響了我們的教學理念與人生觀。

「三好」不僅是口號，它是我們心靈淨化的起點，更是教育的終極目標。在這條道路上，我們不斷探索，邁向更高的境界，為每一位學生的未來鋪就一條光明的道路。

> 三好，不僅僅是一句口號，
> 而是一種引導行動的力量。

推動生命教育，用生命影響生命

「生命教育，是一個令人必須深思的課題。」在一次校務會議上，我的聲音不自覺地帶著些許期待，因為這不僅僅是教學的一環，更是我們對教育使命的深刻體悟。

南華大學的生命教育，不僅是這所學校的品牌，更是臺灣最具代表性的精神風景，宛如一座靜默而堅韌的燈塔，指引著我們探索生命的美好。

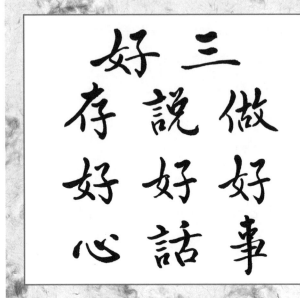

三

做好事

說好話

好存好心

四

給人信心

給人歡喜

給人希望

給人方便

生命教育的核心，正是在於連結「人與自己」、「人與他人」、「人與環境」，以及「人與宇宙」的關係。這不僅是一個學術課題，更是一場心靈的旅程，帶領我們探索生命的本質、意義與價值。

它要求我們不斷反思自身的存在，理解他人的需求，珍惜自然的恩賜，並思考在浩瀚宇宙中的位置與意義。

過去幾年當中，曾到十餘個國家分享「環境永續與生命教育」，發現各國均感受到時代需求的迫切性，且盼能有更多人能予傳播分享，讓青年學子能夠懂得感恩，愛惜自己生命。尤其是一些華語社會地區相關單位，相繼派人至南華大學接受相關講習與培訓，足證生命教育已在各國開始逐漸萌芽與發展。

記得有一次愛因斯坦與美國普林斯頓大學的學生對話。

「什麼是這個時代最重要的科學問題？」學生提問。

「你認為，這個世界是善良的，還是邪惡的？」思索了一會兒，他回答學生。

人人行三好 世界更美好

2014 年在南華大學啟動「三好燈」，
形塑真善美校園。

2013 年南華大學點燈祈福活動。

家人參與孝親洗腳活動。

與高中職分享電子書。

主持南華大學運動會。

三好信條。

「這難道不是一個宗教問題？」學生問。

「如果一個科學家相信這個世界是邪惡的，他就會去發明武器，創造傷害人的東西；如果一個科學家，相信這個世界是善良的，他就會去發明聯繫創造連結，讓人連結更緊密。」愛因斯坦給出了一個開放式的回答。

生命教育，沒有標準答案，需要用真心陪伴，聆聽每個生命的不同，共學成長從別人的需要，看見自己的責任；也從生命教育，看見教育的希望。因此，除了讓學生充滿正向的生命能量之外，更盼望學生們畢業後能夠順利就業到社會上發揮自己的生命力，進而影響他人。

因此，我全力推動這項使命，將生命教育視為南華大學的核心價值之一。在課堂上，不僅教授知識，更培養學生的情感與智慧，讓他們在學習中感受到生命的豐富與多樣。

透過這樣的教育理念與模式，努力塑造一個充滿關懷與理解的校園氛圍，讓每一位學生都能在這片沃土上，茁壯成長，並在未來的日子裡，成為促進社會和諧與進步的力量。

> 生命教育的核心，
> 連結「人與自己」、
> 「人與他人」、「人與環境」，
> 以及「人與宇宙」的關係。

3-3

邁向圓滿之路，打造國際觀的學子與學府

生命教育觸及到個人生理、心理、社會、自然及生死教育的各個面向，讓人們能從修身開始，進而齊家、治國、平天下，最終形成對自然環境的尊重與珍惜。

浩浩乎　嘉南平原一望無疆

民風純樸　樹高廣

農產豐美　瓜果香

南華大學諸上賢良

慧道中流　觀自在

集體創作立榜樣

在這五育並重的學堂

在這三好莊嚴的淨邦

奮起　飛揚

願為世界增力量

巍巍乎　阿里山旁黌宮矗立

賢德翕集術業長

英才輩出競留芳

南華大學氣象泱泱

百萬興學世稀有

處處般若無盡藏

這是探求真理的殿堂

這是安身立命的道場

茁壯　放光

願為人間作慈航

南華大學校門。

2024 年，南華大學歡慶 28 週年校慶時，同步發表星雲大師作詞的校歌。

憶及星雲大師以其一身言行，做到了有捨才有得，以出世的精神從事入世的事業，讓人感受到弘法利生的用心和高瞻遠矚的偉大，在在督勵著我。於此，再次向圓寂的星雲大師表達最崇高的敬意，祈願大師早日乘願再來……。

打造校園國際觀，開拓學生視野

基於過往的學習經驗，我期望南華大學能成為一所具有國際視野的大學，讓南華的學生走出去，讓外國的學生走進來，這是我們的一項重要策略。

因此，南華大學與 200 多所外國大學簽訂互訪協議，鼓勵學生在寒暑假期間前往海外學習語言或其他專業知識，拓展他們的視野。

素齋談禪。　　　　　　　　　南華大學教師禪修營。

◎ 2+2 策略

南華大學推出的「2+2 策略」與美國西來大學（University of The West）展開合作計畫，讓南華的學生在南華學習兩年後，可以申請到西來大學再讀兩年，從而同時獲得南華大學和西來大學的畢業證書。

由於兩校同屬佛光山體系，這一策略在資源共享上具備獨特的優勢。雖然學生前往美國學習需要通過托福考試以達到入學標準，但相對於其他國際學生，學費上能夠獲得折扣，無疑降低了學生的經濟壓力。

此外，「2+2 策略」也涵蓋了與開發中國家的合作，希冀吸引國外優秀學生來台就學，增加相互交流機會。

◎ 3+1 合作

南華大學還推出了「3+1 合作」計畫，讓學生在南華學習三年後，可以申請到英國的密德薩斯大學（Middlesex University）上課一年，提供一種靈活的學習選擇。

由於南華大學屬於佛光山體系，在海外大學的合作上，乃優先考慮結合佛光山道場與當地大學的選擇，充分發揮南華的優勢。

對於希望參加這些國際合作方案的學生而言，他們需要具備強烈的企圖心與吃苦耐勞的精神。

首先，語言能力是必須的，而到國外學習意味著要面對孤獨與文化差異的挑戰，這對學生的情感及獨立性都是極大的考驗。此外，與

外國學生和老師一同學習與討論的經歷，能夠拓展眼界，培養全球視野，這些都是相當難得的寶貴經驗。

透過這些多元的國際合作計畫，學校不僅培養出具備全球視野的人才，更提升學生在未來的學習與職業生涯中具備競爭力，不只開拓出學生寬闊的視野，同時也打造南華成為一個具有國際化的學習環境！

透過多元的國際合作計畫，
不僅培養出具備全球視野的人才，
更提升學生在未來的學習與職業生涯中，
具備競爭力。

生命教育，獻給美好世界的禮物

生命教育注重全人的均衡發展，旨在引導人類認識生命的奧秘與人生的真意。

它教會我們如何面對自我，尊重自己，從而培養健康的自我認知；如何關心他人，建構良好的人際關係，以促進社會的和諧；以及如何敬天愛地，與自然共存共榮，讓我們意識到人類與環境的密切聯繫。

生命教育觸及到個人生理、心理、社會、自然及生死教育的各個面向，核心目的在於培養良好的倫理道德，讓人們能從修身開始，進而齊家、治國、平天下，最終形成對自然環境的尊重與珍惜。

　　我在南華大學推動「生命教育」多達 20 幾項措施，以下簡要說明其中三大重點與實踐成果。

◎正念靜坐，深耕身心靈平衡

　　「正念靜坐」已成為大一必修的一學分課程，為學生開啟一扇通往自我探索與內在平衡的窗戶。

　　透過這一課程，學生得以體驗正念靜坐的奧妙，提升自覺學習效能與專注力。每年，我們至少開設 25 門課程，吸引超過 1,000 名學生參與。針對這些修課學生，學校不定期地進行前後測分析顯示，學生在最近的測試上顯示「自我成長」方面的認知提升至 87.7%；「同理心」的表現提升至 90.57%；而「情緒困擾」則降低了 54.51%。

　　由此證明，正念靜坐不僅幫助學生開發內在潛能，更提升了生命教育的涵養，讓他們在自我成長的道路上邁出穩健的步伐。

◎成年禮，見證生命成長蛻變

　　「成年禮」作為另一必修課程，旨在培養學生的感恩心態與勇於承擔的精神。每年接近 2,000 名學生及家長齊聚一堂，參與這一意義非凡的儀式，見證學生正式邁入人生的新里程。

　　透過奉茶儀式，學生們能深刻體會父母的撫育與師長的教導，感受這份恩澤的重量，表達對父母親的培育之恩。

　　「始加禮」的白色絲巾象徵著純潔與成長，而隨後的「再加禮」和「三加禮」則由師長披上象徵飛黃騰達的黃巾，並贈送賀禮，強調

生命教育的啟迪與學習態度的培養。

　　每年，我們也與嘉義市政府合作舉辦成年禮，市長親自主持，吸引超過 100 人參與。這些莊嚴的儀式不僅讓學生體認到父母的辛勞與師長的恩情，更促進了家庭間的緊密關係，幫助青少年在古老的儀式中蛻變為勇於承擔責任的成年人。

◎三好校園，涵養優良品德

　　在南華大學，我們全力推動「三好運動」——做好事、說好話、存好心，這一理念已融入全校師生的生活與學習之中。

　　教師們以身作則，透過自身的實踐來影響學生，而學生則在日常生活中實踐這些原則。

　　為了擴大三好校園的影響力，我們成立了「嘉言義行心校園」跨校聯盟，連結雲嘉南地區的各級學校，建立一個堅固的區域網絡，發揮大手牽小手的精神，共同推廣三好運動，促進社會的祥和。

　　目前已有61所學校加入這一平台，參與聯盟的老師們也表示：「這個平台發揮了很大的效能，讓我們有機會深入學習三好精神的核心意義，並觀摩其他學校的實施做法，對於在校內的推廣有極大的幫助。」共同撐起這面三好的大旗。

　　透過這一系列的活動，不僅在校內培養學生的品德，更在整個社區中播下了善良與和諧的種子。每一項活動、每一個儀式、每一個理念，都是我們共同努力的見證，讓校園成為一個充滿愛與關懷的大家庭。

　　這份教育的願景，實際上是獻給美好世界的禮物，鼓勵著我們珍惜當下，擁抱生命中的每一個瞬間。透過這樣的教導，希望每個人都能夠成為有情、有義、有責任感的社會公民，共同努力，創造一個更加美好的未來。

　　在這條邁向圓滿的旅程中，我們攜手前行，透過教育的力量，探索生命的深度與廣度，讓每個生命都能在這個世界上閃耀出獨特的光芒。

正念靜坐，
不僅幫助學生開發內在潛能，
更提升了生命教育的涵養。

2015 年南華大學舉辦感恩茶話會，對功德主表示感謝。

2017 年「南華三好 ‧ 就業達人」徵才活動。

南華大學教師共識營，與大師合影。　　　　　南華大學成年禮。

南華大學畢業典禮。　　　　　　　教師共識營。

馬前總統英九先生蒞校演講。　　　　與國際研究單位交流簽約。

特別收錄：
默語行禪.
宇宙太虛的感召和真實體驗

　　遇到困惑與挑戰時，保持感恩的心，領受「逆增上緣」的法則，並從每一次的考驗中汲取智慧與力量，讓人生的每一刻都是成長的契機。

　　探討宇宙的真相，並不僅僅是宗教的追尋，學習佛法，也不是信仰的枷鎖，而是一把解開真理之門的鑰匙。

4-1

探求真相，練習清淨心

每天清晨與夜晚，默語行禪，感受到內心的沉靜與安寧，心靜如水。那一刻，真正領會到清靜心帶來的力量。

在那遙遠的童年時光，鄉村的黃昏如一幅靜謐的畫卷，輕輕地抹上了金色的光輝……。

幼時的我總是站在角落，懷著好奇的心情，注視著村民們圍繞在「扶乩」的神聖儀式中，彷彿那是一扇通往未知世界的窗戶。有一次，看著那個不識字的村民，竟能扶著手轎揮毫寫詩，而且字字如珠，不禁使我目瞪口呆。

那一刻，心中埋下了一顆信念的種子：宇宙的虛空中，必然隱藏著一個第三世界，等待著有心人去探索。

宇宙奧秘，探求真理的旅程

過去因工作上的需要及因緣，參加了不少的宗教團體活動（如佛七、禪七、禪三及各種不同法會的活動等），我也曾經在中台禪寺、法鼓山、福智、十方禪林、唯心聖教、慈濟等團體參訪學習，直到最後才與佛光山結緣。

還記得有句話是這麼說的：「心安就有平安，無事是最快樂的事。」當一顆心得到安寧時，身體與心理也會自然和諧，這是心理學的作用，也是生命的智慧。

我始終對未知的事物充滿了探究的渴望，如同一名水手，駛向那片未被標記的海域。每當面對不明之事，便像一隻勤奮的小蜜蜂，毫不懼怕地追根究柢。

雖然並非每一次的尋找都能揭開真相的面紗，但我始終保持著謙

遜的心，尊重每一種可能性，從不急於否定或批判。

這種自小養成的習慣，使我在探索的旅途中，獲得了許多珍貴的智慧。只是，為了不迷失在知識的迷霧中，也會提醒自己，切勿陷入過於執著的泥潭。

探討宇宙的真相，並不僅僅是宗教的追尋。學習佛法，也不是信仰的枷鎖，而是一把解開真理之門的鑰匙。

我深知，人類的能力是有限的，因此，無數的宇宙真相常常超出我們的生命經驗。面對這些未知的事件和情境，我選擇保持一顆客觀的心態，首先接受，再靜心觀察，而不是一味排斥，努力去探究那些即使以現有的科學技術也無法檢測的現象。

因此，我曾經好奇地觀察過佛教中的「施食」儀式，思考布施食物給餓鬼是否真的能夠帶來慰藉；也曾經懷疑過，為何有人能展現出超能力？甚至，深思過，假使擁有特殊能力，能夠對人類產生何種裨益？

在這段探求的旅程中，明白了一個道理：真理如同宇宙中的星辰，或許遙不可及，卻總是吸引著我，讓我不斷前行。在尋找答案的過程中，最重要的，或許不是得到了什麼，而是那份對未知的好奇與敬畏。

當我遠赴美國求學時，感受到異國文化的撞擊，心靈卻如同一面鏡子，映照著兩種信仰的交會。

我跟著同伴進入教會禮敬耶穌，心底升起一種難以言喻的感覺：不論是東方的神佛，還是西方的耶穌基督、阿拉，似乎都有著某種看

不見的力量，將人們的心靈連結起來。

神秘與奇蹟的交會瞬間

在一片喧囂的塵世中，總有一些瞬間，如晨光般照亮心靈的角落。

那是一次意外的旅程，1997 年，前往山東科技大學發表論文，之後轉往貴州造訪一位高人──李老師。在那裡，首次學習神秘的六字真言：「唵嘛呢唄咪吽」，它像一把鑰匙，打開了我對宗教咒語的無盡好奇。

記得那天，一位駝背的患者滿懷期待地走進李老師的門，他的背影如同一座佝僂的山丘，李老師輕聲念誦著六字真言，隨著聲波在空氣中蕩漾，奇蹟發生了！不到一個小時，那個曾經困頓於痛苦中的身影，竟然直起了腰，走出了門外，陽光在他身後拉出一道光影。

另一個令人驚嘆的場景是一位不懂英文的女孩。她在李老師的引導下，默念著那六字真言。出乎意料的是，她不看稿，甚至連內容都無法理解，卻準確無誤地指出了哪一段、哪一行、哪一個字的錯誤。那一刻，我不禁感慨，語言的障礙在神秘的力量面前顯得是那麼微不足道。

曾幾何時，我也是一個自以為是的人，對神秘事件充滿懷疑。朋友們常常笑我「鐵齒」，因為堅信科學能解釋一切。然而，數十年來，接連發生的神奇事件逐漸打破了這份固執，或許就是命運的安排，讓我在理性與信仰的邊緣徘徊，尋找那條通往真理的道路。

在李老師的指引下，我逐漸明白，信仰與科學並非水火不容，而是可以在心靈的交匯中共鳴。

每一聲念誦的背後，都隱藏著生命的哲理與智慧。正如古老的箴言所說：「信念如燈，照亮前行的路。」或許，正是這些難以置信的經歷，讓我從「鐵齒」的牢籠中解脫出來，走向了更加廣闊的天地。

1985 年 10 月，尹衍樑先生介紹我及幾位學者前往「十方禪林」參加共修法會，當我念出「唵嘛呢唄咪吽」時，空氣中彷彿飄散著香氣，這股神秘經驗在我心中產生了從未有過的共鳴。

此後，特殊的經歷接踵而至。當我在清晨四點時被靈感喚醒，念誦經文後，房間內竟然浮現紫色金光……。

也曾在波蘭參加世界工程教育研討會的旅程中，參觀集中營，面對歷史的沉重與孤魂的哀嚎，心中不禁輕語念誦《往生咒》迴向，深刻體悟到生命的脆弱與價值，隔天一早打坐時，一道白光射入，竟顯影出聖母瑪利亞的聖像……。

與貴陽李老師合影。

還有一次造訪西班牙一所大學，與同仁談及《六字大明咒》，在手機輸出第三個字時，螢幕畫面瞬間消失並顯示：「死等你們」，在場友人無不深感驚恐，我發動正向意念：「請別干擾，晚上我幫您們施食！」螢幕隨之恢復，順利打出「唵嘛呢唄咪吽」……。

生命的奧秘，恰似那六字真言的深邃與廣博，等待著我們去探索，去領悟。在這個瞬息萬變的世界中，或許唯有信仰能讓靈魂找到歸宿，心靈得到解脫。

或許是命運的安排，
讓我在理性與信仰的邊緣徘徊，
尋找那條通往真理的道路。

清靜心，定靜安慮得

「清靜心是提升身心靈的基礎，更是提高工作效率的法寶。」在我就任雲林科技大學校長職位不久，有一位從遠處而至的老師，引導一步步走向學佛的道路。

「觀自在菩薩　行深般若波羅蜜多時　照見五蘊皆空　度一切苦厄　舍利子　色不異空　空不異色　色即是空　空即是色　受想行識亦復如是　舍利子　是諸法空相　不生不滅　不垢不淨　不增不減　是故空中無色……。」

集滅道無智亦無得以無所得故菩
提薩埵依般若波羅蜜多故心無罣
礙無罣礙故無有恐怖遠離顛倒夢
想究竟涅槃三世諸佛依般若波羅
蜜多故得阿耨多羅三藐三菩提故
知般若波羅蜜多是大神咒是大明
呪是無上咒是無等等咒能除一切
苦真實不虛故說般若波羅蜜多咒
即說咒曰揭諦揭諦波羅揭諦波羅
僧揭諦菩提薩婆訶

般若波羅蜜多心経
觀自在菩薩行深般若波羅蜜多時
照見五蘊皆空度一切苦厄舍利子
色不異空空不異色色即是空空即
是色受想行識亦復如是舍利子是
諸法空相不生不滅不垢不淨不增
不減是故空中無色無受想行識無
眼耳鼻舌身意無色聲香味觸法無
眼界乃至無意識界無無明亦無無
明盡乃至無老死亦無老死盡無苦

老師首先讓我背誦《心經》，一個周而復始的過程，富有頻率的默誦聲，在大腦和耳邊迴盪著。

一個星期後，老師要求準備細字毛筆和小方格宣紙，細心磨墨後，以手肘懸空方式默寫《心經》。那一刻，體會到了筆墨之間，一如心境的交融，儘管手肘懸空，心中卻充滿了寧靜。

看似簡單的練習，實際上並不容易。每當稍微分心，筆尖便會偏離，錯字隨之而來，迫使我重寫。第一個晚上，只能勉強地完成了一份。第二天晚上，稍有進步，彷彿看到了曙光。經過幾天的堅持，我的默寫逐漸順暢，心境也愈發清澈。這種清靜，不僅是字裡行間的沉澱，更是內心深處的寧靜。

隨著時間的推移，老師又教我做早課與晚課。每天清晨與夜晚，遵循這份指示，默語行禪，慢慢感受到內心的沉靜與安寧，體會到心靜如水。

誠如古籍《禮記‧大學》所言：「知止而后有定，定而后能靜，靜而后能安，安而后能慮，慮而后能得。」我的思考變得更加周密，工作效率也明顯提高。那一刻，真正領會到清靜心帶來的力量。

不久之後，我開始嘗試改變飲食習慣，由葷食改為蔬食。飲食的改變如同一陣清風拂過，身體倍感輕盈，例行的健康檢查也證實了這份感受。

這使我想起了前美國總統克林頓的兩位資深顧問，他們曾提到的養生方式——吃素與打坐，與如今的體驗不謀而合。近年來，腦神經

科學家們也證實，打坐時腦波的頻率會降低，這讓我更加關注和珍視佛教修行的奧秘。正如靜謐中，智慧悄然生根。

在這個瞬息萬變的時代，每天都要面對如潮水般湧來的挑戰，我們如同航行在波濤洶湧的大海中，如何在驚濤駭浪中維持心中的航道，不至於迷失方向？正是我在過去的人生職涯中，不斷探索的課題。

在環保署擔任廢棄物管理處處長時，面對無數的廢棄物處理陳情案，人民群起激憤……；在教育部技職司司長時期，身處於國際商專的罷課風波中，學生抗議如同怒海狂潮……；擔任勞委會職訓局局長，外勞申請案件如雪片般飛來，面對壓力如山的挑戰……；當下的我這樣告訴自己，每一份情緒的波動，都是內心的一場風暴，若是不能先平靜自己的心，便無法看見更深層的問題，進而找到有效的解決方案。

「處變不驚」不僅是一種心境，更是一種智慧。心若安住，思緒便如同飛翔的雲朵，遼闊而自由，能夠清晰地看到前方的道路。

在這一切的經歷中，我明白穩定的情緒是解決問題的起點。當我們學會在風暴中尋找內心的寧靜，才能在變化的世界中，找到屬於自己的方向。因為，心若清靜，則萬事皆可應對，正如那古老的智慧所言：「內心的寧靜，才能映照外在的繁華。」

因為受益於清靜心的練習，希望將這一份珍貴的體驗分享給身邊的同仁。於是，開始推介同事們練習，並將清靜心的理念傳遞給學子們。

正如有句話所言，當一顆心變得寧靜時，整個世界都將隨之安寧。希望在這片求知的土地上，每一個靈魂都能找到屬於自己的寧靜。

那一刻，體會到了筆墨之間，
一如心境的交融，
儘管手肘懸空，心中卻充滿了寧靜。

掃垃圾，清心地

由於自己受惠於清靜心的練習，本著推己及人的心願，也推介同仁練習，並將清靜心的觀念傳遞給學子們。

例如學校服務學習或勞動服務，有時會有「打掃」的作業。有一回，學生問到打掃跟學習之間的關係，我就運用清靜心的原理告訴他們：「打掃看似簡單，其實並不容易。」

我提出幾個值得思考的問題：

一、「打掃的時候，你的心在哪裡？」是在抱怨？在想男、女朋友？還是在想該如何打掃乾淨？我期勉學子們：「人在哪裡，心就應該在哪裡！」

二、「有沒有用心打掃？」隨便敷衍？一面聊天，一面打掃？還是認真執行，用心努力地把自己的工作做到盡善盡美？

三、「打掃時的力道是否適中？」太重？太輕？還是剛剛好？

四、「有沒有規劃打掃的前後次序？」要先掃哪裡，再掃哪裡，才能既省時又省力，而且通通掃乾淨？

五、「清掃出來的垃圾，有沒有妥善處理？」是隨便掃到不是自己負責的區域，讓別人去收拾殘局？還是集中處理乾淨，確實完成任務？

如果你是負責規劃同學打掃任務的小隊長，是否公平地分配工作給參與打掃工作的同學？工作結束，製作工作考評時，是公平公正的評分，還是受到私交的影響？

如果你是隊員，當被分配到面積廣闊、地點髒亂的區域時，心中會不會現起「委屈」、「不公平」的感受？如果可以自由選擇打掃區域的話，會不會貪小便宜地選擇區域較小、較乾淨或較容易打掃的區域？打掃時會不會受旁人的鼓譟所影響？有沒有推託、不合作的心態？自己完成任務了，其他人還在打掃，似乎很需要協助時，你會怎麼做？被稱讚時，心中有沒有生起驕慢心？挨罵時，會生氣？想辦法推卸責任？還是反省檢討？

懂得用心掃地，可以練習專注力、做事的次第，以及不被環境干擾；維持自心的平靜，讓胡思亂想、容易被環境牽動情緒、工作散漫等心中的垃圾，逐漸遠離自己而去。

我告訴同學們，把掃地當成一門功課來學習，彼此共同培養互助合作的習慣，那麼畢業以後，在職場上遇到工作任務分配時，就可以把這一套方法用上。透過由自我調整心態，任何工作都能做的歡歡喜喜，而且很有成就感。

學習清靜心，讓我更體會出「處處留心皆是學問」的道理，也學

習到每一句話、每一件事都可以練習轉換心境。舉凡上學、上班、與同學相處、面對上司與部屬、親朋好友，乃至討厭的人，通通都用得上。只要常懷感恩、慈悲、博愛、包容的心，設身處地代人著想，體會到別人的用心，比較容易達到心平氣和的境界。

正念的力量，感恩與轉化的智慧

2007 年，曾被一系列奇異事件所擾，這些神秘的干擾彷彿如影隨形。當時的我，曾向一位法師請教，他的回答簡潔而深邃：「別去想，忘掉這件事，否則你的意念會受到對方的牽制。」

這句話如同晨鐘暮鼓，瞬間敲醒受到蒙昧的心智。於是，毅然決然地切斷對那些負面思維的連結，感恩逆增上緣，將注意力轉向更高的境界，每天認真地念佛持咒。當下，每一個音節都像是涓涓細流，洗滌著內心，隨著經文的吟唱，感受到自己逐漸回到了健康的狀態，身體的疲憊感慢慢消散，心靈也隨之輕盈起來。

這段經歷讓我深刻領悟到意念的力量，正是這份無明的挑戰，學會了用心修行，同時在逆境中增強了自己的修為，懷著感恩的心，對那些看似不如意的事情有了全新的理解，反而成了靈性成長的助力。

同時領悟到，唯有感恩才能轉化阻力為助力，只有誠心地念佛持咒，才能讓生命的河流順勢而進。

生活中的逆境都像是一扇窗，跨越它，便能見到新的風景。感恩的心情如同陽光，驅散了陰霾，讓我們重新找回了生活的平靜與和諧。

　　生命的真諦在於心靈的自在與清明，當人們不再被外在的干擾牽絆，反而能夠以一顆平靜的心，面對生活中的每一個瞬間。這種感恩與修行的心態，不僅使我們擁有健康的身體，更能獲得心靈的安適。

　　記得星雲大師說過：「順因緣固然可以助人成功，不順的因緣一樣可以激發人潛在的力量，成為勵志向上的『逆增上緣』。」

南華大學智能工廠。

帶領大家耕耘田地。

在雲科大種樹。

因此，我開始在日常生活中提醒自己，不要落入「利、衰、毀、譽、稱、譏、苦、樂」八風之中而減損修持，遇到困惑與挑戰時，保持感恩的心，領受「逆增上緣」的法則，並從每一次的考驗中汲取智慧與力量，讓人生的每一刻都是成長的契機。

認真念佛持咒的當下，

每一個音節都像是涓涓細流，

洗滌著內心。

修持準提法門，體驗白骨觀

打坐休息後，在禪堂外面常常可以看到幾個標語，其中一幅寫著「老實持咒　深入觀想」，都令人覺得別具禪意。老實持咒以金剛念誦方法為佳，念到一心不亂，達到念而無念，無念而念的境界。

金剛念誦即將嘴巴微閉，透過舌頭念誦佛號或咒語，由於舌頭在嘴巴內繞動會引起津液生起，帶動氣機脈動，也是一種養生功法。持誦一段時間，只要方法用對，身體必然好轉。

2004 年 10 月 26 日當天打坐的時候，我就一直在思索如何深入觀想。突然靈感一來，就是老實持咒時觀想「ૐ」字由頭頂上放光，再轉至命門，命門發熱後，兩腎緊跟著起熱，再次是丹田發熱。由於腦腎合一，緊接著後腦起熱。之後再觀想「ૐ」字放光，由頭至脊椎上

面緩緩向下移動，整個脊椎深感暖和，後來想到，阿賴耶識就是我們的第八意識，儲藏著累劫累世的業力種子，何不利用「ह्रीः」字放光照攝洗刷業障？

就這樣，「ह्रीः」字放光由後腦右而左，由上而下慢慢掃瞄，說也奇怪，只要一有污氣即感嘔吐，在掃瞄時，感受到在阿賴耶識的俱生我執與俱生法執的業根也必須拔除，也深入掃瞄。

前前後後吐了不少濁氣，之後有感於我們的第六意識是分別識，第七意識是我執識，造成了我們的貪瞋癡慢疑，引發了很多的身體器官的堵塞或病變，覺得有必要再由身體的上面掃瞄下來，由上而下。再把「ह्रीः」字放光，從頭的兩邊前後再掃瞄一遍，只要一有污氣就吐，之後再至頸部，然後再把心、肝、脾、肺、腎等五臟六腑、血管等逐步妙觀掃瞄，最後再把皮膚，由外層至裡層，右手至左手，右腳至左腳等全身均感受到被清淤後才停息。真的是非常地奇怪，一有濁氣即感嘔吐，終至身感輕盈。最後，再入觀時，現出身上只剩白骨，之後再現出琉璃透明的身軀，真是奇特！

也許這就是我們所謂的白骨觀及藥師如來佛所稱之琉璃透明境界吧！由此，令人感到身體可以由實轉虛，真空妙有，真實不虛。

在準提法門，持誦《六字大明咒》梵文時，又有觀想四臂觀音由眉心進入我身，與自我身體融合一起，逐漸擴大融入虛空法界，觀想心、佛、眾生三無差別。若要達成此步驟，依個人經驗，必須放下第六意識之分別心，逐步轉至「妙觀察智」一切只是緣影虛幻，也必須放下第七意識，又稱末那識（我執識），轉化成「平等性智」，達到心、

佛、眾生三無分別。

之後觀察體內地水火風之作用，透過呼吸產生風大，與身體磨擦產生熱能逐步轉化成火，觀察火能逐步燃燒體內過去所造累劫累世業力苗種；火能強大產生熱氣，遇到冷風變成水氣，逐漸擴散結成土塊；再觀想由地上湧出八朵紅色蓮花（即我們的心臟），上面有心月輪，印有《準提佛母真言》：「唵，折隸，主隸，準提娑哈。」再度洗刷體內的業障。

當持《準提咒》，觀想準提佛母由眉心進入身體時，也觀想上師加持自身與準提佛母、上師及毗盧遮那佛，融合成三身（法身、報身、化身）一體的自性清淨，回歸本來面目，即所謂的圓滿自性；原來的第八意識或稱阿賴耶識（儲藏識），轉化成「大圓鏡智」。一旦大圓鏡智達成，前五識（眼耳鼻舌身識）即自動轉化成「成所作智」。以上即所謂的「六七因中轉，五八果上圓」。一切圓滿後即是「意生身」，可以成千百億化身，千處祈求千處應。

準提法門包括了《淨法界咒》、《淨身咒》、《六字大明咒》、《準提咒》、《一字輪咒》，由「生起次第」至「圓滿次第」有一定的程序，有興趣者可自行參考修持儀軌。

成所作智

妙觀察智

轉識成智

大圓鏡智

平等性智

4-2

體佛之行，他鄉亦佛鄉

每一次出行，都是一場心靈的洗禮，讓我明白，信仰的力量能夠穿越文化的藩籬，播撒希望的種子。

在生命的長河中，正向的力量如同晨曦中的第一縷陽光，透過一段段的出訪經歷，讓人領悟到祈禱的力量。

每一次出行，都是一場心靈的洗禮，讓我明白，信仰的力量能夠穿越文化的藩籬，播撒希望的種子。

雲南雞足山之行，見證祈禱的力量

2018 年，受邀前往參加《雲南與南亞和東南亞教育論壇》，那是一場盛大的聚會，來自 60 所大學的校長，與南亞和東南亞的官員及學者，齊聚一堂。作為開幕的主持貴賓，我分享了南華大學在國際化、生命教育、環境永續及辦學成果上的努力，這些努力猶如涓涓細流，匯聚成大海，滋養著我們共同的理想。

我深知，雲南與周邊國家之間的緊密聯繫，猶如一根無形的絲線，將彼此緊緊相連。在這場論壇中，不僅看到了學術的碰撞，更感受到思想的交融。與會者之間的對話，如同涓涓溪水，潺潺不息，激盪出智慧的火花。當我們共同探討未來的教育方向時，每一個觀點都像是一朵花，盛開在思想的土壤中，芬芳四溢。

雲南的地理位置使其成為南亞與東南亞文化交流的重要樞紐，這次論壇不僅是學術上的交流，也讓人見證了這片土地深厚的文化底蘊。除此之外，有著來自雞足山的神聖呼喚。

雞足山，山頂有一迦葉石門洞天，相傳係佛陀大弟子摩訶迦葉於此守護佛衣以待彌勒佛下凡之地，為迦葉的禪定處，故該山被視為摩訶迦葉之道場，自古以來就是著名的佛教聖地，有著悠久的歷史和眾

多寺廟。然而，當我抵達時卻遇上陰雨天，民宿的老闆告知明日將有大雨，可能無法上山禮佛朝拜。面對無法預料的天候，不禁想起了江本勝博士的水祈禱實驗，於是決定採用相同的方式，向神佛祈求天氣的改變。

臨睡前的晚課，我真誠地祈禱，希望眾神佛能夠護佑，讓次日的天氣晴朗。這份祈禱不僅是對美好願望的嚮往，更是對自身修行的考驗。經過一晚的沉澱，隔日清晨三點半起床，進行早課，誠心地祈請這次參拜能夠圓滿。

或許是某種誠意感召，也或許只是巧合，當我在六點時抬頭望向窗外，雨勢竟然漸漸停歇。當陽光穿透雲層，我們一行人得於八點準時出發，順利抵達雞足山頂的金頂寺，朝拜聖地。此時的心中不禁吟起一首偈語，表達對摩訶迦葉尊者的敬仰和感謝——

靈山拈花傳心印　　破顏微笑直承當
祖祖法燈照沙界　　僧僧慧命滿大千
金色頭陀袈裟幢　　彌勒尊佛續聖田
摩訶迦葉功勳大　　盡未來際恩無邊

迦葉尊者，佛教禪宗的初祖，承載著佛陀的智慧，將法脈相傳，直至今日。這份人間信仰的存在，讓人明白，傳承的力量如同燈火相繼，永不熄滅。

這次的雲南之行，不僅讓人體會到當地對文化保存做出的努力，更能夠深刻感受到祈禱的力量如何與宇宙中的靈性相呼應。

誠心祈禱猶如涓涓細流，

匯聚成大海，

滋養著我們共同的理想。

長白山的心靈探索，展現生命的回饋

2019 年，因緣際會參加了在遼寧瀋陽大學的會議，席間朋友得知我虔誠學佛，便提議去參觀佛教聖地——長白山，據說是白衣觀音的故鄉。

這座山不僅因其壯麗的自然景觀而聞名，還是中國和北朝鮮的邊界，兩國對它的稱呼分別為長白山和白頭山。

隨著旅行計畫的變更確定，瀋陽大學當天派車與派員一同前往，當我們開了 7、8 小時的車到達長白山下時，卻遭遇了陰雨天，氣象報告預測次日將會下大雨，並且可能會封山。

此時，同行友人不免有些失望，我突然想起在雞足山的祈禱經驗，心中懷著一絲希望，決定再次祈禱，尋求神佛的護佑。

當日做晚課時，靜心祈禱，希望眾神佛保佑明日能順利上山，到了清晨三點，再次進行早課。或許是出於誠心，也或許是巧合，天氣出乎意料地好轉，計畫得以順利成行，再次見證了祈禱的力量。

一到長白山，發現有管制措施，於是改乘了特殊的交通工具，下車後還有步道，兩側分別是中國與北朝鮮，心中不禁感受到這片土地

的神聖與壯麗。登上山頂後，來到了天池，這個海拔 2,189 公尺、平均深度 213 公尺的湖泊，作為松花江、圖們江和鴨綠江的源頭，散發出如夢似幻的美麗。

這次的長白山朝拜之行，讓人再次見證了祈禱的力量，就像在雞足山時的經歷，兩次的旅行都不在原訂計畫之內，卻因緣際會而順利成行。

當我閉上眼睛，靜心祈禱時，感受到的是一種無形的力量，宛如天地間的回音，而每一次的感恩與讚美，則是對生命的回饋，彷彿為心靈注入了源源不絕的能量。

正向的力量，確實可以改變人生的經歷。我想起江本勝博士在《生命的答案，水知道》書中提到的，水的分子結構會因人的意念而改變，他的發現令人震撼：被詛咒的水，分子零散而難看，而受到讚美的水，則閃耀著美麗規則的分子結構。透過顯微鏡的顯影之下，那些水分子的舞蹈如同一場生命的交響曲，驚人而又耐人尋味。

記得江本勝博士在琵琶湖的祈禱實驗中，他與數百名志願者共同為水祈禱，結果讓人嘖嘖稱奇：水分子的結構在集體意識的影響下發生了顯著的變化。這不僅是科學的奇蹟，更是人類心靈力量的明證。

之後，當聯合國對這一發現表示好奇，並邀請江本勝博士團隊進行水質檢驗時，結果再次印證了真心祈禱的力量，水質在真摯的心念下，已悄然改變。

科學家的實驗如同一扇窗，讓人窺見了水的奧秘與生命的答案。

透過祈禱不僅能改變水的分子結構，更能在我們的心中播撒善良的種子，讓智慧的光芒得以閃耀。

回憶起一次與某位和尚用餐，他發現到飯菜味道有所異常，經過查證後得知，廚師在廚房中發生了打罵情形，正與江本勝博士的水實驗如出一轍，彷彿在提醒我們：情緒與意念的力量是如此深遠，甚至能影響我們日常生活中的每一餐。

無論是正念，還是靜心，無論是對水的讚美，還是對天地的感恩，這些正向的行為都是一種積極的能量，能夠在宇宙中引起共鳴，引導人心向善，讓生活充滿愛與光明。

這份力量，不僅影響著自己，也將繼續影響周遭的人，正是生命中最珍貴的禮物。

**宛如天地間的回音，
而每一次的感恩與讚美，
則是對生命的回饋。**

蒙古之行，教育與心靈的交流

2023 年 5 月初，第三度前往蒙古國參加大學博覽會。此次旅程不僅是工作上的需求，還有幸與蒙古藏傳佛教的領袖哈巴喇嘛（Hamba Lama）會面。

蒙古的春天，白天氣溫約在攝氏 12 至 13 度之間，夜晚卻降至零下 2 至 3 度。對於蒙古人來說，這樣的天氣已經算是溫暖。

13 世紀時藏傳佛教傳入蒙古，可以感受到這片土地深厚的宗教文化底蘊，此行還參觀了甘丹寺的藏經閣，在此得以窺見保存幾百甚至上千年歷史的古代經文，這些經文多以藏文或梵文書寫，讓人們對佛教的傳承感到驚嘆。

當我與蒙古學生的交流中，感受到他們對於學習的渴望。特別是在大學博覽會上，蒙古學生展現出活潑與熱情，各國的參與也顯示了蒙古未來的發展潛力。

當時，南華大學約有 40、50 名的蒙古學生，疫情前則有過百名，多數主修財務金融、資工和企管，這些專業正好契合蒙古當前與未來的發展需求。

臺灣的獎學金政策和勞動政策，如每週 20 小時的打工規定，讓這些學生在求學的同時，能夠謀取生活費，也讓他們的留學之路更加順利。

回顧十年前第一次造訪蒙古時，首都機場的顛簸路況令人印象深刻，這次再訪已有嶄新局面，新機場、新公路和高樓大廈都顯見蒙古的迅速發展。然而，隨著經濟的進步，似乎發現到蒙古的物質化趨勢，人民的心靈上開始出現空虛感。

與哈巴喇嘛的會談中，我分享了南華大學推動的「三好教育」理念：做好事、說好話、存好心，他對此表示相當認同，認為這樣的教

育理念應該在全球廣泛推廣，以培養學生的品德和道德素養。

　　這次蒙古之行，不僅是對教育的探索，更是一次心靈的交流與反思。我也體認到唯有在物質與精神之間找到平衡，才能引領人們的未來走向更加光明的道路。

> **唯有在物質與精神之間找到平衡，**
> **才能引領人們的未來走向更加光明的道路。**

因緣俱足，促成菲律賓光明大學的籌建

　　每年初夏，正是臺灣及亞洲多所大學的畢業季。記得那年在參加南華大學的畢業典禮後，馬不停蹄地前往菲律賓拜訪光明大學，這所佛光山體系下最年輕的高等學府。

　　佛光山系統擁有五所大學，其中包括臺灣的佛光大學與南華大學、美國的西來大學、澳洲的南天大學，以及菲律賓的光明大學。因緣所至，沒料想在光明大學的設校過程中，發揮了巧妙的作用。

　　2013 年，甫上任南華大學不久，獲得亞太工業工程與管理學會的會士（Fellow）殊榮。當時，特地飛往菲律賓宿霧參加頒獎典禮，因為典禮是在晚上，原本想要順道參觀位於馬尼拉的萬年寺，然而隔天就要從馬尼拉飛回臺北，緊湊的行程根本抽不出時間。

　　事有湊巧，因旅行社的疏忽，當下手機又故障，只能尋找公共電

話聯繫事宜。電話接通之後，旅行社承辦人員連忙道歉，告知因睡過頭而誤了事。

正當我在思考如何應對之際，遇到了兩位穿著佛光山僧服的出家人，一位來自萬年寺，另一位則是佛光大學的法師。這次偶然的相遇，法師邀我前去萬年寺，事後得知光明大學設校評鑑未能通過的消息，原因是資源不足。隨即，我便提出以南華大學的名義簽署合作備忘錄，以行動支援設校，作為有力的證明。

結果，光明大學的設校評鑑在提交該備忘錄後，得以順利通過。

這一連串的突發事件，讓人感到事情的戲劇性，如果不是手機故障，就不需要去找公共電話，如果旅行社的人沒有忘記接機、睡過頭，或許我根本不會在馬尼拉機場遇到那兩位佛光山法師，進而不會參與光明大學的設校事宜。

隨著菲律賓經濟的快速發展，土地價格不斷上漲，光明大學在購買校地上遇到波折。此後一次出差菲律賓，與光明大學的法師們一起參觀一塊理想的土地，當大家都十分喜歡這塊位於山頂的土地，我直覺認為需要趕快下訂，以免之後徒增困擾，但依程序沒有事先獲得佛光山的認同，讓法師們躊躇不前。

面對這種情況，我便果斷表示我會負責與星雲大師報告，於是當天下午準備訂金就簽下了合同。返回臺灣後，如約拜見星雲大師，描述了那塊土地的潛力，讓大師感受到其價值。大師十分支持該項計畫，讓光明大學在土地問題上迎來轉機。

　　值得一提的是，光明大學的第一位校長是菲律賓天主教徒，展現了佛教的包容性。

　　佛教是一個非常開放的宗教，選擇校長的標準並不侷限於宗教信仰，而是看重候選人的條件是否符合學校的理念。正是在這樣的背景下，光明大學得以在佛光山體系中穩健發展，為當地學生提供良好的教育機會。

　　一次次出訪，展現多元思想的交融，一段段旅程，也是踏上心靈的修行，異鄉亦佛鄉，不僅是發揚善念、傳遞正念善行，更是對於文化教育做出一份貢獻。

> **一次次出訪，展現多元思想的交融，**
> **一段段旅程，也是踏上心靈的修行。**

參與佛誕節浴佛。

參與光明大學奠基典禮。

4-3

人間，是最好的修行

正向思考如同一個防護罩，一種在
逆境中汲取力量的能力，保護著人們的
心靈，不至於在生活的風浪中迷失方向。

「幸福的關鍵，並不在於功成名就，而在於物慾的淡泊和安貧樂道。」這個深具啟發性的例子，來自美國哥倫比亞大學霍華德·金森（Howard Dickinson）的問卷調查結果。

這種見解與華人文化中「少欲，可近道；無欲，可成道」的智慧不謀而合。

由此可知，心態的調整至關重要，常懷感恩之心，懺悔之情，保持平靜、包容和大愛，這些特質使人更容易獲得幸福。

幸福的密碼，不假外求

霍華德為了探討「人生的幸福感到底取決於什麼？」當作他的博士論文題目，特別設計一份問卷，內有個人的資料，還有 5 個選項：A 非常幸福、B 幸福、C 一般、D 痛苦、E 非常痛苦。

他發出了近萬份的問卷，回收了 5,200 份的有效問卷。經過統計，僅只有 121 人認為自己非常幸福。他針對此 121 人做了詳細分析，發現當中有 50 人的幸福感來自他們事業的成功；另外的 71 人，有的是普通家庭主婦，有的是農民、小職員等等，雖然職業多樣，但是他們都有一個共同點，那就是他們對物質沒有太大的要求，淡泊名利，安貧樂道，心中沒有什麼罣礙，因此覺得非常幸福。

這個調查結果讓他發現，世界上有兩種人最幸福，一種是在事業上有傑出成功者，一種是淡泊寧靜、內心修練的人。

20 年後，他很好奇當初他的研究結論是否仍然一致，於是又針

對原來那 121 位「自己覺得非常幸福的人」做第二次調查。當年那 71 名淡泊寧靜的人，除了 2 名去世外，共收回 69 份。這 69 位的人生有的職業產生很大的變化，有的是被列為成功人士，有的人如昔，但有一共同處就是他們依然覺得自己「非常幸福」。

而另外 50 名原先是因事業成功而覺得「非常幸福」者，經過 20 年來的變化，只有 9 位事業仍然一帆風順，依然堅持當年的選擇「非常幸福」，其餘有因事業挫敗、不如意、降職，而改列了「一般」、「痛苦」及「非常痛苦」。

霍華德經過一番深思，最後做出了總結：「所有依靠外在物質支持的幸福感，都不能持久，會隨著外在物質的離去而消逝，只有心靈的淡定、寧靜而產生的身心愉悅，才是幸福的真正泉源。」

由此可知，心態的調整至關重要，常懷感恩之心、懺悔之情，保持平靜、包容和大愛，這些特質使人更容易獲得幸福。不受外在物質的桎梏，無疑是通往幸福生活的道路。

不妨試想，城市裡富有的孩子，因上補習班而容易取得成功，但並不一定會比鄉下孩子更幸福？相對而言，雖然鄉下孩子缺乏資源，若是他們的物欲較低，可能會在霍華德‧金森的研究中成為非常幸福的人？

藉由啟發式的問句，再次追探下去，幸福也許並非取決於外在的成功與物質，而在於內心的平和與滿足。

隨著這些思考的深入，心中不由得想起了星雲大師所提倡的「三

好四給」理念。這不僅是一個口號,更是引領人們生活的智慧燈塔。

其中的「三好」:做好事、說好話、存好心;「四給」則是:給人信心、給人歡喜、給人希望、給人方便。無論身處何種境遇,即使是富者也要修身齊家,貧者則應勇於向上,精進自省,共同追求心靈的豐盈。

佛光山教育系統,則如同一座文化的橋樑,精心規劃著一系列多元層次的學習活動,讓大眾和青年能夠在不同的場域中,領略佛教的深厚智慧,體會到「內在幸福」的滋味。

打坐禪修,是沉靜心性、聆聽內在聲音的一種方式,也會直接影響到腦波變化,是一個深奧的科學與靈性交融的領域。

正常活動時的腦波為 β 波,頻率介於每秒 14 至 30Hz(如發怒時可達 25Hz),而正常安靜狀態下則是 α 波,頻率為 8 至 14Hz。當進入靜心冥想的狀態時,腦波可下降至 θ 波,頻率為 4 至 8Hz,而更深層次的 δ 波則為 0 至 4Hz。

在這個無意識的狀態下,當腦波達到 θ 波的 5Hz 時,一個人有機會感受到宇宙虛空中的法界眾生……。

這並不是迷信,而是一種對於存在的理解。在佛法中,δ 波代表著更深的境界,能夠接觸到色界與無色界,甚至是超凡入聖的阿羅漢境界。

如果再加上菩提心的大願與實踐,則有可能達到菩薩乃至成佛的法界。這些理論的科學驗證,使得打坐冥想的影響力更為可靠。

　　總結來看，幸福的密碼不僅在於物質的獲得，而在於心靈的安定與提升。通過做好事、說好話、存好心的真實行動，我們不僅能提升自身的幸福感，還能影響周圍的人，促進社會的和諧與善良。而透過禪修與靜心，我們能更深入地理解自我，與宇宙中的一切產生共鳴，最終走向內心的圓滿。

> 透過禪修與靜心，
> 深入地理解自我，
> 與宇宙中的一切產生共鳴，
> 最終走向內心的圓滿。

在佛光山接受菩薩戒。

從「凝然守心」到「無住生心」

當一顆心得到安寧時，身體與心理也會自然和諧，這是心理學的作用，也是生命的智慧。

正面思考具有改變人生的潛力，當我們由此出發，相信能夠化解許多內心的糾葛與矛盾。這不是對現實的逃避，而是一種力量的轉化，選擇以積極的態度面對挑戰。無論遇到什麼困難，心中若能保持一份平靜與感恩，便能將困擾化為成長的契機。

這樣的思考方式如同一個防護罩，一種在逆境中汲取力量的能力，保護著人們的心靈，不至於在生活的風浪中迷失方向，依然找到屬於自己的航道。

正如星雲大師所說：「人間，是最好的修行。」每一個挑戰與困難，無疑都是修持自我的良機。

> **無論遇到什麼困難，**
> **心中若能保持一份平靜與感恩，**
> **便能將困擾化為成長的契機。**

若是每一個人都能學會在心中播下正面思考的種子，讓它在生命的土壤中生根發芽，正如清晨的第一縷陽光，藉此驅散心中的陰霾，照亮前行的路。面對人間的種種修行，每一步都將更有力量與意義。

凝然守心　無住生心

　　過去擔任公職，能為社會所用，是我的義務也是榮幸，但在繁忙的公務下，靜心打坐已是我的日常，也會適當安排時間陪內人爬山、聊佛法，成為我們另一種共同嗜好和話題。

　　在打坐上，透過腹部呼吸進入，藉此獲得放鬆，裨益身心；在靜心上，不必要求百分之百毫無雜念，可先嘗試關注一個點，例如眉心或肚臍下方三寸的丹田，透過關注，雜念便會慢慢的消失。

　　「凝然守心」的功夫，是進入訓練專注力的一個竅門，可以透過訓練而得，從關注一點開始練習，最後進入「無住生心」，全然地放下，進入空無境界。

　　「心無所住，則無所畏。」在這個一念萬千、瞬息萬變的世界裡，保持內心的寧靜與專注，無疑是修身自持的關鍵。

> **在這個一念萬千、瞬息萬變的世界裡，**
> **保持內心的寧靜與專注，**
> **無疑是修身自持的關鍵。**

順應生命中的驚險瞬間

　　記得嚴重特殊傳染性肺炎（COVID-19）蔓延的危急時期，政府持續推動施打三劑疫苗接種作業。

　　就在我接種第二劑疫苗後，心跳速率驟增，每分鐘竟高達 180 下，

遠超過正常範圍（每分鐘 60 至 100 下）。

當時我正在南華大學擔任校長，為了安全起見，前往慈濟醫院接受點滴治療，並在醫院觀察了 2、3 小時，恢復正常後才返回校園。隨後，在接種第三劑時，心跳回落至 90 下，原本稍感寬慰，但仍然對即將前往埃及參加聯合國氣候變遷會議（COP27）感到擔憂，特別是擔心在外國出現身體問題。

為了消除心中的疑慮，在出國前接受了全身檢查，包括胸腔科和 X 光檢查，均顯示一切正常。

「是否需要進一步檢查心臟？」當我詢問時，醫師表示同意進行心臟超音波檢查。然而，在檢查過程中，心臟卻出現異常，跳動急促且聲音如同打鼓，速度甚至一度達到每分鐘 300 下。

護理人員立即聯絡了醫師和副院長，並推來輪椅讓我坐下。儘管心裡覺得這樣的情況不至於需要輪椅，但醫師解釋道，心跳過快可能導致頭暈，因此必須進一步觀察。

「如果心跳在兩天內未能降下來，就必須住院開刀！」醫師說。

面對生命中的種種遭遇，我順應當下一切可能的變化，同時也感到幸運，因為當晚原本計畫至高雄與高中職校長進行聯誼，若是參加了那場活動，可能在途中突發心臟問題，後果不堪設想。因此，使我心中充滿了感恩之情，感謝自己避免了可能的危險。

隨後的檢查與治療穩定後，我帶著心臟備藥前往埃及參加氣候變遷會議，並順利完成了此行重要任務。這段經歷不僅讓我意識到健康

的重要性，也更加珍惜生命中的每一個瞬間。

意外經歷讓人意識到健康的重要性，
也更加珍惜生命中的每一個瞬間。

人、動物與植物的和諧共存

因幼時感恩魚族犧牲性命，成就自己的學習，長大後發願不再吃魚肉，也因為這個心念，走上護生的因緣，隨著年歲漸長，更感念地球提供陽光、空氣、水等三大人類生存基本要素，發心為日益惡化的地球環境努力，推動環境永續和心靈環保已逾 40 載。

也許這是將心中對魚族的感恩，迴向宇宙眾生最好的方式，自己也將竭盡一生，致力於環境保護，愛護地球。

人類雖然貴為萬物之靈，但這份靈性並不僅限於人類自身，動物和植物同樣擁有生命、情感和感知。此一觀念在一次特殊的經歷中，得到了更加深刻的體會。

每年的聖誕節，南華大學的校園都會精心佈置，讓樹木閃爍著美麗的燈飾，營造出濃厚的節日氣氛。然而，隨著樹木的裝飾，卻發生了一件令人驚訝的事情。

一位熟悉通靈之事的法師告訴我，樹木因為被綁上聖誕燈而呼吸困難，感到十分痛苦。

　　這番話當下觸動了我，進而意識到，樹木並非只是靜默的存在，它們也擁有生命，能夠感知周圍的環境。

　　從那時起，校園內的活動在涉及到綁樹的行為時，大家都會格外謹慎，以尊重生命的態度對待每一棵樹木。

　　這個經歷不僅影響了校園文化，也讓我在往後參與國際交流中，更加關注生命與環境的和諧。

　　之後有一次，我接待了一位來自澳洲的老師，這位老師專注於推動農業生態的理念。我便將這段與樹木溝通的故事告訴他，對方對於這種尊重自然的做法表示驚訝與讚嘆。

　　人類必須認識到自然界的生態平衡與和諧，我把這些理念具體化為「生命教育」，並提出「人與自己、人與他人、人與環境」的關係，希望透過這些概念，帶領學生理解和體會愛惜自己、尊重他人的價值。

　　公餘時間，我也持續在《人間福報》「百年筆陣」專欄倡議環境永續推動、高教翻轉實踐、身心靈生養力行等議題（可參見本書附錄），在正式或非正式聚會上，亦常鼓勵大眾一起做環保、力行三好生命教育。

　　不論是人類、動物還是植物，每一個生命都值得被尊重與珍惜。這一理念不僅促進了校園文化的發展，也為學生的成長提供了更深層次的啟發。

　　未來，我們期盼能將這種生命教育的理念，繼續推廣至更廣泛的社會，讓每一個生命都能和諧與共好。

期盼生命教育的理念，

推廣至更廣泛的社會，

讓每一個生命都能和諧與共好。

感恩與行持，開啟卓越人生的金鑰匙

這一本書《源‧緣‧圓》最主要是告訴一些有緣人，我一生的生命旅程。

第一個「源」，是說明我出生成長階段的情況，以及努力的過程；第二個「緣」就是描述於學業告一段落，畢業以後在工作面上努力的過程與際遇；第三個「圓」，主要是說明在社會上跟大家的互動，以及我學習佛法的情境，一些心得與有緣人分享。

一路走來，我非常感恩自己生長在非常貧困的家庭，讓我有了脫離貧困，苗生了強猛脫離苦難的意志；也感謝在受到教育的階段不只是繳學費、學習上或方向上遭遇到困難或瓶頸時，都有貴人即時的出現並給予相助。

個人時常在想：「我何德何能有此善妙的際遇？」當我在細心回顧一生的旅程，除了努力工作之外，也許孝順父母、尊敬師長、恭敬兄姊、善待朋友同事、隨時隨地換位思考，才是真正的原因吧！時時觀看別人的優點，時時感恩別人對我，及對大眾的付出等等，這一切的善心、善念點亮起我心中的明燈，化為生活中的智慧，讓我處處化危機為轉機，化逆境為順緣！

　　從出生到目前為止，我非常相信宇宙間萬事萬物都互相關聯，就像以前日本江本勝博士所研究的發現——「生命的答案，水知道」。

　　一個人的善心善念，會讓水的結晶體變得美麗剔透，相反地，一個人的惡心惡念惡語，會讓水的結晶體變成混亂，不能成形。其實看似沒有生命的水，都能夠受到我們念波的影響，我們怎能不對自己的身口意行為抱持著「戒慎恐懼」的心態？

　　「做好事、說好話、存好心」不是一般的口號，必須要嚴肅地去瞭解本身的內涵及影響。我們期許大家都能夠本著正面的思維、積極的努力，廣結善緣的善淨心念從事生命的旅程。因為它們就像一把開啟我們卓越人生的金鑰匙。

　　最近，量子力學在坊間非常流行。我們的宇宙虛空有如一面「行為律儀反射牆」。一個人的念頭或行為，都會在宇宙虛空中產生訊息波，而當一個心念或行為所投射出去而形成的訊息波，碰到「行為律儀反射牆」之後，都會像照鏡子一般反射回自己的身上，甚至波及跟自己有共同因緣的親友。我們必須謹慎行持。

　　個人經常提醒自己，隨時隨地不要落入——「利、衰、毀、譽、稱、譏、苦、樂」的「八風」當中，從而影響了自己心裡的平靜，不要因為別人的稱讚而心花怒放，甚至驕傲；不可因為別人的言行、激怒而火冒三丈；更不可讓自己的情緒被別人的言行而影響。

　　當然在人世間與人的互動，的確不容易達成，但唯有隨時提醒自己，密護眼耳鼻舌身意六根，提高自己的修行水準，才能避免陷入外

境的泥沼。

　　禪宗有一句話：「心隨萬境轉，轉處實能幽，隨流認得性，無喜亦無憂。」同時在這邊跟大家共同勉勵。

　　在這一切的思考與行動中，我深知，心靈的清澈與純粹，正如水一般，能夠反射出世界的美麗。當我們共同努力做好事、說好話、存好心的同時，便如同在生命的河流中播下希望的種子，最終結出美好的果實。

　　願以《源‧緣‧圓》一書，與有緣的朋友共同結緣，相信一生的感恩惜福，必能一路菩提花開！

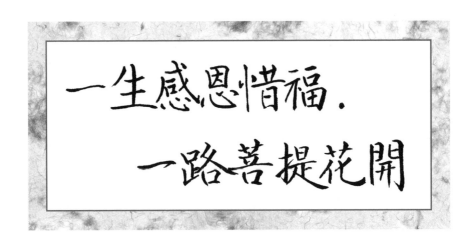

心隨萬境轉
轉處實能幽
隨流認得性
無喜亦無憂

禪宗二十二祖法語

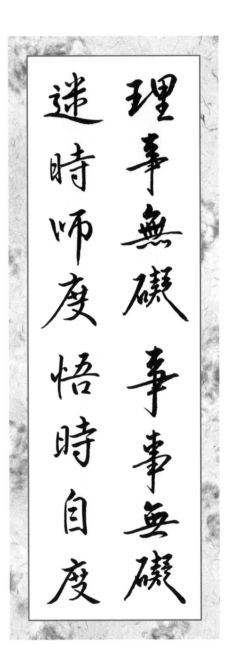

密護六根 萬法歸一
隨緣自在 感恩惜福

理事無礙 事事無礙
迷時師度 悟時自度

《人間福報》與
相關文章發表選粹

A 環境永續推動 × 4 篇

A1 海洋塑化汙染嚴重　全民少用塑膠袋

最近電視播出一些海洋垃圾汙染問題，尤其塑膠垃圾導致生態危機令人怵目驚心。

去年（編按：2016 年）6 月 26 日一頭斷奶不久的短肢領航雌鯨，擱淺台中梧棲，被送至成大海洋暨鯨豚研究中心復健，被稱為「小梧子」的幼鯨，體型瘦小，二、三天後陸續吐出一大堆塑膠碎片，第五天不幸死亡。

「小梧子」解剖後，發現胃被塑膠垃圾塞滿，有來自紐西蘭的食物包裝袋，也有來自菲律賓的家庭垃圾，導致牠消化道阻塞無法進食，造成營養不足，身體虛弱。

去年 8 月，保育團體 Leatherback Trust 從欖蠵龜鼻孔取出約十公分長的塑膠吸管，影片透過網路流傳，令人心疼不已，引起各界拒用塑膠吸管的響應。去年 10 月又有一隻抹香鯨死在八掌溪出海口，解剖後，發現胃裡也是塑膠垃圾。

研究顯示，如信天翁等鳥類也因攝食塑膠垃而大量死亡。估計，單單北太平洋每年就有十萬隻海洋哺乳動物死於誤食塑膠類製品。

一項跨國研究有關食用魚與塑膠垃圾關係指出，印尼有 55%、加州有 67% 的魚被驗出與塑膠製品垃圾有關，該項研究預估，至 2050 年全球 99% 的鳥會誤食塑膠製品垃圾。

　　根據海洋塑膠汙染研究專家臺灣安全保護協會馬克仕‧艾瑞克森（Marcus Eriksen）研究，至少有五兆片的塑膠浮在海面上，重量超過26.8萬公噸，除被漁鳥類誤食外，最後沉到海底逐漸分解且釋放出大量的「塑膠微粒」。

　　毒素透過食物鏈，由浮游生物經小魚、大魚覓食，進而進入人體。人類亦是最終的受害者。包括內分泌失調、身體發育失衡、癌症病變等問題。

　　海洋占地球面積約為 70% 左右，很多垃圾會隨著海流漂至他處。海洋垃圾高達 80% 的比例，來自陸地，其中以塑膠類廢棄物最多，如塑膠袋、瓶蓋、寶特瓶等生活常見的用品。

　　工業革命之後，的確改善了我們的生活品質，用完即丟的產品帶給了生活極大方便，也帶給人類浩劫，全球的塑膠產品從 1950 年的150 萬公噸，攀升至 2002 年的 2 億公噸，至今天每年也達 3 億公噸，海洋汙染導至生態浩劫，日益嚴重。

　　根據看守臺灣協會規模調查顯示，市售 308 款洗面乳及沐浴乳當中，發現有 108 款含有危害環境的塑膠微粒柔珠，政府必須重視及嚴格管制。除此之外，為喚起塑化危機觀念，可率先推動全面少用生活中的垃圾袋，讓塑化觀念植入人心。

　　臺灣每人每年約用掉 782 個塑膠袋，歐盟約為 198 個，相差 3.9 倍。最近歐盟通過法令，希望在 2019 年還要減半，達到每人每年 90 個，到 2025 年再減半，達到每人每年只耗用 40 個。

我們的水準仍有很大改善空間，為了拯救海洋生態，至少從每個人日常生活做起，至少每人每年減用一半塑膠袋，或如歐盟目標減少至 1/4，相信是一種拯救海洋動植物最有效方法，期許大家一起響應！

——刊載於《人間福報》2016 年 07 月 06 日，5 版，人間百年筆陣。

A2 地球大病了　全民亟需落實低碳作為

　　欣聞巴黎氣候協定已於今年（編按：2016 年）11 月 4 日生效，全民必須一同努力對抗地球嚴峻暖化課題。最近美國太空總署公佈今年上半年的全球均溫，比 19 世紀的平均溫度高過 1.3℃，全球暖化造成極冷極熱，導致不少人被熱死或凍死，同時也因氣候異常，造成該冷不冷，該熱不熱，而使得農作物、花果生產異常，更有甚者，也因風不調雨不順，雨量瞬間過大，導致洪水不斷、雨水沖刷，土石流、崩塌到處可見，令人忧目驚心，地震、天災、龍捲風、乾旱、傳染病等，時而聽聞。

　　美國太空總署指出，單在美國於 1984 至 2015 年間因暖化問題已導致 420 萬公頃的森林燒毀，面積相當於一個丹麥，加拿大艾伯塔省也燒毀了 59 萬公頃，其他各國如智利、法國、西班牙、葡萄牙、阿根廷、中國大陸、希臘等等，均有類似問題。

　　另根據太空總署公佈資料指出，單單以北極冰川而言，上半年已有五個月的融冰事宜，是史上最嚴重的情況。根據世界銀行前首席經濟預測專家 Sir Nicholas Stern 指出，至 2050 年，全球平均溫度將上升二至三度，2100 年可能上升五度，將有因冰川融化影響全球 1/6 人口；農作物失收，影響上億人口饑餓；海平面上升，兩億人口需遷移；物種失衡，約 15 ～ 40% 的物種絕種，以及其他因極端氣響影響不計其數。

　　可預見的未來，如各國不採取減緩暖化措施，地球物種包含人類，

將會面臨極大的災難。

為了使地球暖化減緩，聯合國早在 1992 年簽署了《聯合國氣候變遷綱要公約》（UNFCCC）和 1997 年《京都議定書》（Kyoto Protocol），可惜效果有限。2015 年 12 月 12 日在巴黎於氣候變遷大會上通過《巴黎協定》，是人類因應氣候變遷的第三個里程碑式的國際法律文本，將是 2020 年後的全球氣候治理格局。

該項巴黎協定共計 29 條，有 195 個國家參與，如加計歐盟共計 196 個締約方締約於 COP21 會議，通過如下目標：

以工業革命前（1750 年）的水平為基準，《協定》設立了將全球平均氣溫在 21 世紀結束前升幅控制在 2°C 以內的長期目標，並努力將升幅控制在 1.5°C 以內，人為的排放量應降至當時地球森林和海洋所能吸收的水準，避免氣候災難一發不可收拾。

根據該項協定，要得到最少 55 個佔全球溫室氣體排放量 55% 的簽署國確認方能正式生效。欣聞該項協定已於 11 月 4 日正式生效，我國各界亟需全力配合推動減碳措施。

巴黎協定將溫室氣體減排義務從已開發國家的 41 國擴大至中國、印度等開發中國家，協定締約國依照各自提出的「國家自主減排貢獻」承諾目標，在減排的前提下追求經濟的「綠色成長」。

已開發國在 2020 年前，承諾每年至少提供 1,000 億美元資金協助開發中國家因應氣候變遷的衝擊，以及溫室氣體減排的影響。協定也記載，每五年對於各個締約國進行審核，適度進行調整。對於一些受

到海平面上升威脅的小島國家，也納入氣候災害的損失傷害條款，唯不具強制力。

今年（2016 年）9 月 3 日，美國總統歐巴馬與中國國家主席習近平於杭州共同宣布正式批准對抗全球暖化氣候變遷的《巴黎協定》，並且先後向聯合國秘書長潘基文交存美國和中國的《巴黎協定》批准文書。

美國與中國是全世界兩個最大的溫室氣體排放國，佔約 38%。兩國各有相關減排措施，兩國率先批准支持，的確有助於《協定》在今年內生效。

我國在過去數十年間經濟發展的結果的確曾有傲人的成果，可惜人均排碳量一直居高不下。目前世界平均值，每人每年排碳量為 4.5 公噸，可是臺灣為 11.3 公噸，是世界平均值的 2.51 倍。面臨全球人類生存及發展的永續課程，不只國內各級政府、各機關學校均應予以重視，更應喚起全民環境永續意識，共同擔負責任。

南華大學身為高等教育一份子，在學校發展主軸上，除把生命教育當作主要特色外，在學校亦成立「永續中心」，宣導全體師生共同面對地球暖化課題，利用標幟告知師生暖化成因，從食衣住行必須開始落實低碳教育，為地球盡一份心力。

針對聯合國 2016 年永續發展宣言之 17 項目標，學校也訂定永續發展之短中長程目標，分為成立、成長、茁壯，以及品牌四階段逐步進行。目前在全體師生努力下，先後得到環保署之碳足跡盤查成果特

優獎、教育部之校園環境及安全管理評鑑優等獎、經濟部 IS050001 認証通過、嘉義縣政府之環境教育績優獎、民間團體臺灣永續能源研究基金會頒發「非營利組織銀牌獎」等等。

在學校也推動蔬食環保餐，師生並參加淨灘、減塑及環境志工等等活動，期許在大家努力下，環境永續觀念能夠深植師生心中且能予以擴散。

地球暖化已日趨嚴峻，期許大家一起採取因應措施，由生活起居點滴做起，讓地球暖化程度能予減緩。

——刊載於《人間福報》2016 年 11 月 07 日，4 版，人間百年筆陣。

受邀參加「第 27 屆聯合國氣候變遷大會」，發表推廣「蔬食環保救地球」的經驗。

A3 一念護生，終生環保

觀功念恩，一念護生

筆者出生於雲林縣台西鄉，家中以海維生。幼時，家父常對我說：「平常不一定捕得到魚，但每逢你要註冊的時候，運氣就特別好，一定捕得到魚；而且賣出的魚貨，剛好足夠繳交學費。」

因心中感恩魚族犧牲性命，來成就自己的學習；長大後，便發願不再吃魚肉；也因為這個心念，開啟自己走上護生的路；隨著年歲漸長，更感念提供人類陽光、空氣、水等三大生存基本的地球，暖化日益嚴峻，造成天災人禍不斷；身為地球的一員，覺得「地球暖化人人有責」，便更發心為地球環境努力，適時為環境永續與心靈環保發聲，期許能夠喚起更多共鳴。或許，這是將心中對魚族的感恩，迴向宇宙眾生最好的方式；自己將竭盡一生，致力環境保護，愛護地球。

倡議環保，逾 40 載

1977 年從美國 Clemson 大學工業管理博士畢業後，旋即任職台塑企業高級專員、波多黎各台塑利國公司總經理特別助理，臺灣工業技術學院（臺科大前身）任教職，環保署監資處長、廢管處長，教育部技職司長，勞委會職訓局長，雲林科技大學校長，教育部常務次長、政務次長，南華大學校長。

在台塑任職期間即將多項環保作為帶入企業，在臺科大任職期間輔導過 3 百多間中小企業經營管理及提升環保意識；在學校與政府部

門期間，作育眾多英才、推動環境保護政策；迄今致力環境保護 40 餘載，希望影響更多共鳴者一起來做環保。

任職台塑期間，建議公司將資源及經費挹助在環境的維護與改善，如淨化水質、揮發性化學物質改善管理與廢棄物處理，欣獲採納。後來，在派駐波多黎各塑膠廠的空氣及水質污染改善，也做出具體的建言，獲得環境的改善。

在 1987 年，臺科大任職期間，獲時任環保署長簡又新邀請至環保署服務，先後擔任環境監測及資訊處與廢棄物管理處處長。在前項任職期間，對於空氣污染 PSI 的訂定與各地監測站的設置奠定基礎，尤其是對環保署資訊系統管理的整合與改善，獲得行政院革新楷模獎。在廢棄物管理處長任職期間，主辦廢棄物分類回收、設置焚化爐事宜、有效處理各地廢棄物；並受邀至瑞士分享我國推動成果，受到各國高度肯定；當時並獲得行政院環保署記一大功，以茲勉勵與表揚。

1989 至 1994 年出任教育部技職司長，鼓勵技專院校開設環境工程等相關科系或學程。爾後，在 1994 至 2001 年勞委會職訓局長任職期間，也致力於勞工安全衛生與環保相關技術證照推動，並開設多門與環保有關的職訓課程。

在 2001 至 2009 年擔任雲林科技大學校長期間，亦將學校朝向綠色、永續的目標發展，致力於學校永續工程的打造與節能環保的方向邁進，並獲得教育部多項大獎與評鑑績優肯定。

後續擔任教育部常務次長、政務次長以來，也致力與環境保護工

作，並督導教育部環保小組在環境教育、永續教育與節能減碳業務在全國校園之推動，如成立各項環境教育與節能減碳輔導團深耕校園環境。

在利用工作繁忙之餘，亦常至國內外各地以環境保護為主題之演講，迄今有記錄且規模較大者，近 200 場次；包括教育部（擴大部務會議、環境教育講座及各項會議場合）、財政部、學校單位（大專院校學務長會議、各級學校校長會議、校長候選人儲備研習會議、課外活動組長會議、生活輔導組長會議、教官座談等等）、民間社團會議（扶輪社、各宗教團體、文化教育類社團幹部會議、全國文化教育基金負責人座談會議等予以宣導），以及受邀到英國、印度、泰國等地進行關於環境保護之演講，均獲得相當不錯的迴響。

倡議環保的演講內容大多與日常生活相關，便於民眾能在日常生活中實踐舉手之勞做環保，包含：氣候變遷與全球暖化、綠色蔬食、少吃肉、不吃肉、多護生、少用塑膠袋及其製品、多護持有機、多種樹、多護持綠色環保，以及觀功念恩的心靈環保等概念。

隨著宣講的次數越來越多，所引發對環保的認同度也就越廣；特別是收到讀者或聽眾回饋「從今天開始，我們要改吃蔬食」、「自從聽了你的演講，我們一群好友都改吃蔬食了」。無形之中，蔬食成了人們共同的話題，環保成了人與人共同的語言，並在日常生活中實踐。

也因此，在 2011 年底受邀至印度參與「2011 年全球佛教大會」為開幕典禮致詞並分享臺灣 93％的中小學校推動「每週一蔬食」之經驗與成果，受到國際間的矚目，佳評如潮。

亦因推廣校園每週一蔬食、環保救地球活動成效卓著，2012 年本人獲頒聯合國氣候變遷框架公約會員國「全球永續發展英雄獎」之殊榮。

2013 年獲星雲大師盛情邀請擔任南華大學校長，即秉持創辦人佛光山星雲大師「扶助弱勢」的創校精神，並以「環境永續」為校務發展四大發展主軸之一，積極打造「具有生命關懷、公益公義取向的國際知名教學卓越大學」，倡導「身」「心」「靈」合一的永續校園環境，邁向碳中和校園的理想。

塑造永續，環保典範

南華大學是佛光山星雲大師 1996 年凝聚百萬信眾力量所創辦；校地面積 63 公頃，綠地覆蓋率 73％，校內植栽物種約 300 種，另有原生種植物 52 種；具誘鳥與誘蝶植物種數 81 種，是所美麗的「森林大學」；輔以「生命教育、環境永續、智慧創新、三好校園」的辦學主軸，推廣正念靜坐課程為基底的身心靈發展，人文底蘊厚實，頗具創建國內環境永續典範校園的潛能。

因此，就任南華大學校長 8 年來，即致力推廣「健康蔬食」，營造生態校園，建構低碳節能校園，強化永續環境，獲獎頻傳：2016 至 2020 年連續五年榮獲「世界綠色大學」百大評比，其中在廢棄物處理項目排名全國第一，亦曾為全球第一；規劃 10 年內打造碳中和綠色校園，扎根綠色環保理念；主導大林取得「慢城」國際認證，推廣無毒農作，深耕食農教育；積極推動環境保護，2014 年起迄今每年發

行企業永續報告書，獲臺灣永續能源研究基金會「企業永續報告」金獎、TOP50 企業綜合績效永續獎，以及香港《鏡報》文化「學校社會責任獎」；2017 年更榮獲行政院國家永續發展委員會頒發「國家永續發展獎」、2018 年獲頒經濟部「國家品質獎──永續發展典範獎」、2019 至 2020 連續兩年榮獲行政院環保署「國家企業環保獎」金級獎，2020 年亦榮獲行政院環保署「綠色行動獎」；2019 年榮獲英國標準協會「BSI 永續傑出獎」；2020 年通過環保署環境教育機構及場域認證，是南臺灣唯一獲此雙認證的學校，肩負孵化環境教育人才的使命；2020 年更接軌國際出版永續責任報告書，致力邁向聯合國 2030 SDGs 永續發展目標；2000 至 2001 於英國泰晤士報世界大學影響力排名 401 至 600 名，全國排名並列第 11 名，是南華大學力推環境保護的世界影響力在國際上的展現。

立行立言，保護地球

40 幾年來，自身力行環境保護；如有機會，即使時間短暫，義不容辭藉機宣講環保理念；在珍惜公餘時間，持續在《人間福報》「百年筆陣」專欄倡議環保議題；在正式或非正式聚會上，亦常鼓勵大眾一起做環保。

環保路上，眾多同道互相攜手為伴，從日常生活、社會議題、國家永續，到聯合國 2030 永續發展目標，各式各樣亟待大眾一起來集思廣益的議題，時時透過各種媒體的分享受益良多，滿心歡喜；期許未來能有更多的人一起來做環保，保護我們的地球。

突破困境，創新楷模

人生不如意之事十有八九，環保路上也不盡是一帆風順，秉持信念勇於面對，終能柳暗花明。任環保署監資處長時，為推行公文電腦化政策，以減少紙張的浪費，提高行政效能。

政策推行初期，遭受頗多怨言；自己便帶著同仁，經過 30 餘場次的電腦化課程與溝通協調會議，大力地將公文電腦化政策推動上路，將當時平均七天的公文處理時間，縮短為一天不到的時間，不僅大大改善行政作業時效，也減少不必要的紙張浪費；從日常的庶務，愛護我們的地球環境，事後獲頒「行政院革新楷模獎」的殊榮。

任環保署廢管處長，當時該處佔有環保署七成的預算，稱得上是重責大任。時值國內環保意識萌芽之際，民眾對設置垃圾掩埋場或焚化爐場址問題抗議不斷，可謂壓力至極。職責所在必須面對民眾的抗議聲浪，不斷與民眾做良善的溝通，讓民眾瞭解廢棄物處理方式以及環境保護的重要性，以便順利推進政策實施。

多年後，臺灣也因為廢棄物處理政策推行良好，受到國際間的矚目。

宣揚環保，獲正能量

在倡議環保路上，能引發認同，獲得支持，贏得參與，是最暖心的事。特別是，能說服一些宗教領袖，一起來推動環保，社會影響力的幅度更大；曾因多次獲一些宗教團體邀請演講、讀書會、工作坊等活動，久而久之便說服一些宗教領袖者的大力支持，一起來倡導減少

塑膠袋及其製品的使用。後來更推出各式各樣的環保活動，鼓勵社會大眾的參與，例如有機蔬食、淨灘活動、種樹、護生等等，影響人數逾數百萬；特別是提升社會大眾良好的環保意識，給社會帶來一股和諧、穩定的力量。

此外，記得某次受邀到台中進行一場全校性的環境永續演講。在演講當日，已感染感冒多日的身體，不但不見好轉且越發不適；然而，仍勉強自己赴約前往。奇妙的是，在上台將開始演講時；咳嗽停了、昏沉的腦袋變清楚了、軟弱的臂膀舒適多了，似乎有一股無形的力量在加持，讓自己神采奕奕的進行完演講。這樣的事，在自己推行環保的路上，可說屢見不鮮。

媒體的傳播，是推動環境保護的利器，也為自己帶來正向的能量。有些餐廳、飯店，將自己宣傳蔬食環保的相關報載，剪貼放置餐桌上或牆面上，不時吸引一些讀者，捎來正向、暖心的回饋。

環保蔬食，共同語言

在環保路上，不分國界，從日常生活、社會議題、國家永續，到聯合國 2030 永續發展目標，各式各樣亟待大眾一起來集思廣益的議題。曾經在菲律賓的一場演講裡，在場有些修女，在聽完我提倡的環保救地球演講後，積極地回饋表示「我們要從現在開始吃蔬食、做環保，救地球！」不論在國內，或到國外，環保成了人們共同的語言，讓人們不分你我的朝向愛地球的心志前進。

記得，在推行「每週一蔬食」政策時，南部某校的家長會表示反

對，該校校長即邀請本人對全校師生及家長進行宣講，當場就獲得家長及大多數師生的認同，取得多數的共識，使蔬食環保意識得以拓展。

此外，曾經，在中國大陸一些學校宣講環保議題時，均有聽眾當場有趣地提問：「蔬食可以環保、可以救地球，請問：講者您有沒有以身作則？」現在回想起來，令人不覺莞爾。

發願實踐　帶動風潮

當今世界各地發生疫情、乾旱、森林大火、暴雨等災害頻傳，顯示地球暖化日趨嚴重，環境保護是當前最重要的課題，更是地球每一份子責無旁貸的責任。面對未來，期許學校單位，例如南華大學，皆能積極行動、愛護環境、降低碳排，成為環境永續校園的典範；接軌聯合國 2030 發展目標，成為環境永續之國際示範學府。亦期許自己秉持一念護生的精神，終身持續宣導永續環境，影響更多大眾一起來實踐環保；祈願地球暖化減緩，人我宇宙的環境更為和諧。

──發表於「入選環境保護專業獎章一等訪談」，2021 年 5 月。

A4 綠色飲食救地球

近幾年來，每天打開報紙或電視，都可以看到世界各地不斷地傳出受到地球暖化影響的災情，例如土石流、水災、旱災、森林大火、地震、颱風、龍捲風、瘟疫等等，造成人心惶惶，尤其是一些島嶼國家或地區，因海平面逐步上升，必須遷離，引起居民恐慌不已。

地球暖化，也可稱為地球發燒或沸騰，它已造成自然時序的錯亂，如該冷的時候不冷；該熱的時候不熱；不然就是極冷極熱，而且發生頻率增加，威力更強。

事實上，自然界不只人類失序、連同花草樹木、昆蟲、動物等均受到影響，如不該開花的季節花卻開了，不只蜜蜂大量死亡、珊瑚礁也有超過 1/3 產生白化現象，可說整個食物鏈也已開始變樣。造成地球暖化是人人有責，也是各國面臨的共同威脅。根據聯合國氣候變遷會議於 2015 年的巴黎協定，於 2030 年年平均升溫要控制在 1.5℃ 以內，不要超過 2℃，而且全球的溫室氣體自 2020 年起不能再增加，必須在 2050 年前減至 1990 年時的一半。

相對的各國為了對抗地球暖化，也相繼的訂定各種減碳目標，如歐盟於 2030 年前要減碳 40％，美國於 2025 年前減碳 28％，瑞士於 2030 年前減碳 52％等等。然而根據去年底在杜拜舉辦的 COP28 會議上，有些學者指出，地球的年增溫至 2023 年已近 1.5℃。顯然各國減碳成效並沒有達到預期的效果。

我國在過去數十年的經濟發展的確有傲人成就，可惜在人均碳排

量一直居高不下。根據 COP28 的報告〔註1〕，2022 年臺灣的人均碳排放量 12.86 公噸，約是世界平均值的兩倍，確有改善的必要。面臨全球人類生存發展永續課題，不只是國內各級政府、各機關團體均應予重視且喚起全民環境永續意識。

除了鼓勵大眾節能減碳、多做資源回收、多種樹、少用塑膠製品、多開發永續能源外，根據荷蘭環境評估機構估計，最有效、最簡單、最低成本而且能夠快速減緩地球暖化的方法，就是全民能夠改變飲食習慣，逐步改變為蔬食，除滿足三餐所需，還兼顧環保與健康理念。綠色飲食核心概念是將環保與飲食結合，減少碳排放、降低資源浪費和兼顧生態平衡，其內容包括有機食品、減少浪費、優先選用在地、當季及天然的食材，甚至要求自備環保餐具及減少化學清潔劑等節能減碳措施。

根據統計〔註2〕，自 1960 年起至 2006 年止，全球人口成長不到三倍，但是肉品需求卻成長了五倍之多，另根據報導〔註3〕，國人吃肉量平均每人每年約為 78.1 公斤，高出一般的建議量約三倍，此種飲食習慣是可以檢討改善、減少肉品攝取。依荷蘭環境評估機構所出版的《看守世界》雜誌指稱，畜牧業所排放的溫室氣體約占全部排放量的51%。就以養牛為例，生產一公斤的牛肉會衍生 36.4 公斤的二氧化碳，會消耗十萬公升的水資源，會消耗 16 公斤的穀物，會侵蝕 35 公斤的表土，會產生 40 公斤的排泄物及多種污染氣體。

如以生態成本考量，一個牛肉漢堡的售價約需 200 美元，因為牠從養殖畜牧、運送、屠宰、冷藏、銷售等過程均需消耗能源及排放不

少污染氣體。根據估計，在 2050 年之前，人類為了抑制氣候變遷所花費的成本需要高達 40 兆美元。

但若全球改採有機蔬食，卻可以降低八成的費用。如改吃一般的蔬食，每人每日可以減少約 1.82 公斤的二氧化碳排放量。如果我們全臺灣同胞每週有一天食用蔬食料理，一年光是臺灣就可以減少 217 萬公噸的二氧化碳排放量。

蔬食，根據一般的研究，是比較可以穩定一個人情緒。此外如以身體結構考量，人類的牙齒與草食性動物相同，且人類的小腸和大腸，與草食性動物雷同，又長又多皺褶，不像肉食性的動物腸道短且直，人類消化肉類食物需要較長時間，造成腸道負擔容易產生疾病。

我們期盼在此地球沸騰時刻全民可以在適當的調配營養成分下，嘗試多吃蔬菜水果，個人可以訂定目標，每星期先由一餐蔬食開始，再逐步提高餐數進而改變飲食習慣，採取綠色飲食兼顧環保與健康。

我們只有一個地球，減緩暖化人人有責，竭誠呼籲大家共同支持及響應，為了地球永續，為了維持生態的多樣性，為了自己的健康，更要為了我們的子子孫孫，期許大家逐步改變飲食習慣，由葷食逐漸改變為綠色飲食。

更多綠生活做法也可以參考環境部的「淨零綠生活行動指引」，將環保行動融入日常生活。只要大家共同響應，對減緩地球暖化勢必會造成顯著的成效，讓我們樂觀以待。

更多做法可以參考「淨零綠生活行動指引」：https：//drive.google.com/file/d/148Q7RQLh0LsZvreNYpCdbJzk6J0ATGGu/view

備註

註 1、COP28 記者會相關報導：

　　　https：//e-info.org.tw/node/238132

　　　https：//ccpi.org/download/climate-change-performance-index-2024/

註 2、聯合國糧食及農業組織（FAO）之《OECD-FAO Agricultural Outlook 2021-2030》報告：https：//openknowledge.fao.org/items/c3245230-2050-473c-9148-4f3aae6ddd07

註 3、摘自我國農委會 2006 糧食供需年報：https：//stat.ncl.edu.tw/searchResult.jsp?ps=1&dtd_id=11&s_flag=1&q_key=%E7%B3%A7%E9%A3%9F%E4%BE%9B%E9%9C%80%E5%B9%B4%E5%A0%B1&year1=&month1=&year2=&month2=&qdate_field=&logic=or&qry_mode=1&eachpage=10&c5_flag=&q_field=ti&q_field=abs&q_field=cont&pd_group=2011

　　　　　　　　　　——刊載於《淨零綠生活》2024 年 11 月 14 日

B 高教翻轉實踐 × 5 篇

B1 少子化來臨，更應重視辦學品質

這幾天多家報社相繼報導大學生素質下滑的問題，如 1/2+1/3=1/5，的確令人憂心，此種問題在國內少子化影響力逐漸擴大的趨勢下，將會越來越嚴重。

由於生源的短缺，私立學校為了生存，彼此都必須面對的激烈短兵相接，有些學校使出各種手段以招攬學生、留住學生，因為招到一名學生，學雜費一年即有約十萬元收入，100 名學生，一年即有 1,000 萬元，如果就讀四年，即有 4,000 萬元的財源收入，對學校的營運確實影響相當重大；也因此有些學校為了生源，幾乎都會要求老師參與招生任務的行列。學校甚至祭出手段，分配每位老師一定的招生人數，當作敘薪、調薪的參考指標。

當學生入學後，有些學校為了節省成本，就會減少一些該編列之經費，甚至凍結支出，改使辦學品質低落；尤有甚者，在坊間亦有聽聞老師受到學校指示干涉，不得有當掉學生情事發生，以免影響學校收入；在另一方面，由於生源減少，大學變成「學生市場」，學生有好幾個學校可供多重選擇，如果學校要求稍嚴，他／她就轉到別所學校；如果在校內老師要求較嚴謹，學生又利用填寫教學評量問卷時，予以低分考評、反應，而使校方據此認定教師教學不力，諸多問題提示，在少子化態勢逐漸擴大時，教育當局如不予以重視、因應，國內的教育品質將日益低落，最後賠上的是整個社會，國家利益。

　　根據估計，105 學年度大學入學生源會減少約 2.6 萬人，106 學年度將再降 2.5 萬人，短短兩年就要減少約五萬餘人。若以往年每一年入學新生約 25 萬人為準，在後年即有 1/5 的生源消失。以中等規模的大學一年招收 1,000 人計算，就會有將近 50 所學校招收不到新生，這是一項非常嚴峻的事情，不只影響學校生存、教職員生計，甚至校舍閒置等諸多問題均會連帶受影響。

　　少子化衝擊大學後，接下來就是產業人力的供應短缺，企業營運逐漸受到衝擊，最終整體經濟受到重創。所以少子化不單是教育問題，它最終還會連鎖影響到產業、經濟、社會，最終或且演變成政治問題。

　　教育是扭轉人類升沉的樞紐，辦學績效良好的學校，由於有良好口碑，雖然整體入學人數減少，仍足以吸引國內外學生的青睞，使招生不會受到影響。

　　筆者以多年的經驗，依然認為辦學品質的提升及品牌的塑造，仍然可以克服少子化的衝擊，過去前台塑公司王永慶董事長曾經鼓勵下屬要有在冬天賣冰淇淋的策略與雄心，時時思考突破困境的方法，當然政府亦必須鬆綁相關法令，讓私立學校有較大的彈性空間予於揮灑空間以因應多變的環境。

　　少子化最容易影響的就是學校的教學品質，當學生誤認為學校需要他們才能存活下去時，就可以主控許多事情，此外，老師亦不敢基於職務，為學生素質而嚴謹評分，只好放任學生自貶學識能力、競爭力。

在此情況下，學校辦學品質將日益低落，學生素質亦無法提高。為防止類似問題發生，大學必須做好品質管控，如訂定上課參與情形、課程吸收程度考核等等措施。

在國外甚至有某些相似類科，共同訂定一些核心科目的會考、檢定等等，必須通過才能畢業，未通過者必須重修、補考，透過此種機制，以確保學生能有一定的素質。

以南華大學為例，2014 年 6 月曾將百餘名學習意願低落的同學予以退學，但這種堅持維持辦學品質的做法，反而獲得相當多的家長及社會支持，當年新生註冊率大幅提高達到九成五，新生入學成績平均提升三成，成為全國進步最多的大學。

青少年是未來國家的棟樑，學生的品質關係到國家、社會的未來，他們的品質不好，後果就得由全民承擔，其所衍生的效應，遠比少子化所衍生之生源不足困境的影響更令人憂心，期許所有教育工作者務必為少子化的來臨而更嚴肅面對、勇於擔待的教育責任。

——刊載於《人間福報》2015 年 09 月 28 日，5 版，人間百年筆陣。

B2 生命教育的首要目標：培養感恩心

最近生命教育在教育部的大力推動，以及全國各校的響應下，已讓生命教育的內涵在各級學校逐漸開花。尤其是在今年（編按：2016年）11月25日於南華大學舉行之全國生命教育績優人員及特色學校頒獎暨全國生命教育成果觀摩會中，受獎績優人員及特色學校之分享報告，更令人動容。在觀摩各校成果中，很多學校為了激發師生參與無不腦力激盪，希望在全體師生的共同推動下，讓生命教育能夠扎根發展。

巧合的是，最近網路流傳的一則來自中國大陸一所中學的訊息，亦在全面推動相關活動。該校邀請一位專家，以激勵方式，解說學生必須孝順父母、尊敬師長的理由，讓在場的家長與學生感動得擁抱而泣。事實上，在南華大學為推動生命教育，在行政管理上特別成立了推動小組並訂定相關制度。為了落實生命教育的推動，也在課程做了調整，使學生在正式課程與非正式課程能夠學習與薰陶。為了加強理念之建立，並在校園形塑各種環境，如定點有三好（做好事、說好話、存好心）旗之提醒、定時有播放三好歌之欣賞，此外並設立了三好燈之反省，鼓勵師生隨時提醒自己是否有做好事、說好話、存好心。

生命教育注重全人的均衡發展，告訴人類認識生命的奧秘、人生的真義，如何面對自我，尊重自己；如何關心他人，建構良好的人際關係；如何敬天愛地，與自然共存共容。生命教育的目的是希望使人有良好的倫理道德，使人能夠從修身，進而齊家、治國、平天下，甚至尊重自然環境，讓環境永續，已涉及到個人生理、心理、社會自然及生死教育的構面。在諸多面向的進行中，Emmons（2003）的研究

認為，感恩是正向的心理情緒，感恩課程配合生命教育的取向，透過感恩的教導，會使學生對生命有更加豐富的體認與經驗，培養感恩、惜福的價值會讓人的一生更美好。感恩是快樂的元素，也是可以靠後天的學習培養的生活態度。常懷感恩心的人，就容易喜樂，也會減輕心中不少擔子，甚至影響周邊的磁場，感恩的對象，可以是人對人之間，可以是人對大自然之間，也可以是人對自己。隨時對週遭的一切有感恩的情景，將會使自己的生活更喜樂與滿足。

南華大學為了培育學生的感恩情境，每年透過不同措施予以推動。其中最令人感動的莫過於成年禮系列活動。尤其是在成年禮儀式當中，它不只是一種儀式行禮如儀，最重要的是要透過各種教導、口語、分享觸動學生的心弦，激發學生內在的感恩情境，發於心、形於外。讓學生能夠瞭解感恩父母的必要性。每年於此活動，看到同學擁抱雙親，表達感恩之情，令人感動。記得有一次，一對來自日本的雙親表達過去女兒很少寒暄的窘境，在當日典禮之中，女兒親自表達對雙親栽培的感激，與過去行為之懺悔，並擁抱雙親，令雙親當場感動得痛哭流涕，他們更於會後對學校的用心表達謝意。

感恩是可以教導出來的，只要學校有心。當然在教導過程中，老師必須瞭解教學內容與目標，也必須瞭解學生的心理。在教學方法上也需要有活潑生動的教學方法，並鼓勵學生回應，參與互動。如果有經驗的分享更能打動人心，當然老師的身教也很重要，以身作則，成為學生的榜樣。在各校的成果觀摩會上，培養學生的心得分享紀錄是最常見的，諸如：

感恩日記：鼓勵學生針對每天的食衣住行、生活點滴、記錄感恩的事蹟，對人格培養有相當正面效果。

感恩護照：在 2004 年國內感恩基金會曾經推出「感恩 125」口號，即每天早晚兩次遵照如下五步驟練習：

第一步驟：回想讓你感恩的人、事、物。

第二步驟：描述你要感恩的具體內容。

第三步驟：閉上眼睛，深呼吸，將注意力放在心口處。

第四步驟：讓身體放鬆，感受美好的感覺充滿全身。

第五步驟：寫下具體內容，心中感受，感悟心得及回饋行動。

連續練習 7 天、14 天或 21 天至養成日記習慣，讓正面的思考成為生活習慣，是遠離焦慮憂鬱之最好良藥。

感恩週記：如果無法每天練習，至少每週一次，反省練習，將感恩的人事物、感想心得及回饋予以紀錄，對於正面思考之培育必有很大改善。

生命教育的內容廣泛，但為了改變正面情操，如何培養學生的感恩心應該是首要目標，有了感恩心，會尊重自己生命；有了感恩心，人際關係互動會更美好；有了感恩心，社會自然環境會更詳和，期許大家隨時隨地培養感恩心，讓世界更美好。

——刊載於《人間福報》2016 年 12 月 07 日，5 版，人間百年筆陣。

B3 卸任南華大學校長職致詞稿

尊敬的心保和尚、心培和尚、慈惠法師兼董事長、楊總校長、高校長、鄭世忠署長、黃市長、雲林縣張總顧問、嘉義市李美華處長、各校校長們及董事長們，以及在座的各位法師、貴賓、老師、同學：

首先恭喜高校長接任校長，感謝大家的蒞臨，尤其是來自海外的校長與貴賓。感謝大家的光臨及見證今天的校長交接儀式。

12 年前，感謝大師的邀請，過去因工作上的需要及因緣，參加了不少的宗教團體活動（如佛七、禪七、禪三及各種不同法會的活動等），唯一較不熟悉的反而是佛光山，沒想到卻在與大師的因緣下工作最長的時間；記得剛上任時為瞭解學校業務，與師生多次座談，學校那時因教學設施、交通、冷氣、遮雨棚、宿舍等均相當不足，幾乎每場均淪為被批評的場所。後來向大師提出校務興革改善及擴建計畫，並且多次向功德主說明，尋求支持。11 年多來，每日戰戰兢兢，每日上下班都會看到自己牆上的醒示牌：扭轉乾坤，提醒自己這是自己的使命與責任，每天思索如何達成大師交給的任務。

記得 2013 年 1 月接任校長職務時，秉持大師「懷具百年樹人之志，回饋十方感恩之心」之開示，以「生命關懷，公益公義，國際知名的教學卓越大學」為學校的自我定位。提出「嶄新南華、獎優扶弱、追求卓越，邁向國際」等四大辦學方針，希望開啟「跳躍成長、學用合一」的新里程，建立以「生命教育、環境永續、智慧創新、三好校園」為特色的大學（全面實踐「以生命力帶動生命力、以學習力促進就業

力、以全球觀促進國際移動力」），採取了「特色化、差異化、整合化」的策略，期能建構以生命教育為引導的「身心靈平衡」的教育體制與推動機制。

推動初期即上任的前二年以「南華希望工程——把每位學生都帶上來」而聚焦，進而至再下二年的「南華飛躍工程——讓每位學生自信飛揚」，以至於後面的「建立南華品牌工程——讓每位學生活力四射」。推動成果成為教育部前幾年教學卓越計畫全國績效進步最多的大學。

學校也配合國家教育政策及國際教育趨勢，從制度建立、課程規劃、活動推廣、環境形塑來推動的「做好事、說好話、存好心」的三好校園推動，首創大一新生的正念靜坐、落實推動成年禮，以及各系的專業倫理也納入必修課程，強化各學院的身心靈領域課程及推動自主的學習課程，期能打造「生命教育的金字塔」、推廣至各級學校，希望達成縱向連貫，也期能打造一條龍的「生命教育鏈」，希望達成橫向整合，使生命教育推廣至全國能夠達成縱向連貫與橫向整合的推廣，使學生能夠從關懷自己到服務社會，再到關懷自然的永續教育。

為了加強學生的國際移動能力，我們推動海外學習制度，為了強化學生的就業競爭力，我們推動了跨領域學習、以及全面實習或職場體驗。11年多來，南華大學不僅在辦學成果、特色凸顯，以及國際評比成績上都有相當不錯的成績。

感謝創辦人大師及慈惠法師董事長及諸位董事監察人的信任及指導，感謝心保和尚及佛光山所有法師及功德主的支持，當然也要感

謝學校全體老師同仁同學的配合及家人的體諒，感謝大嫂兼母職的養育，感謝內人的陪伴、體諒及對佛法的分享，畢竟 11 年多來校務爬坡是相當的辛苦，尤其是在少子化時期。上任之初，至今日高中職畢業生已減少了十萬人生源，所幸在大家的努力下，南華大學還能逆勢成長，真的非常感恩，感謝大家的辛勞，才有今天南華大學的成果。

在今天這個時候，特別要緬懷大師、感謝大師的支持，大師為了南華大學的擴建計畫，除了動員世界各個道場參與募款外，也利用過年初二、初三、初四，初五，及初六至北中南大道場去講經說法勸募，也在高雄巨蛋舉辦了老歌演唱會勸募行動。

今天南華大學有今天的教學環境及辦學成績，真的要非常感恩大師及慈惠法師的促成。大師心繫法海，遨遍宇宙，就個人所知，南華大學的事情包括花草樹木，他都能夠瞭如指掌，大師也是我心靈成長的大善知識。令人感動的是每次見到他，總是關心我的學佛進展，也因此，每次與他見面，自己也必須找一些佛法問題請教他，與他接觸，大師似乎有一種希望：鐵杵趕快磨成繡花針的期盼，即使在國外也是如此。記得有一次在宜興大覺寺參加國際佛光會的活動，每日早中晚他都會伺機對我開示。

記得在活動第三天時，他知道弟子（即我個人）在下午三時要離開宜興先行返臺，於上午九時半特別指派侍者前往研討會轉知個人，大師要再個別開示，大師那種諄諄教誨令人銘感五內，如今個人對一真法界、十方法界能夠大致瞭解，不知要如何表達心中的感恩，感謝大師的啟蒙，大師常常提及：不怕念起，只怕覺遲。要求隨時提醒自己：

心隨萬境轉，轉處實能幽，隨流認得性，無喜亦無憂。

　　大師常常提到，要廣結善緣，放下我執及分別心，才能轉識成智，即所謂六七因中轉，五八果上圓，令人感到：迷時夢裡明明有六趣，覺後空空無大千。過去雖然閱讀不少經典，可惜似懂非懂，佛法頗艱雖智不能解，唯有依靠大善知識的啟迪。如今對於佛法經典能夠豁然開朗瞭解大意，大師對我而言，可以說是一位再造之良師、大善知識，終生無以回報。

　　目前社會亂象叢生，尤其是人工智能及地球暖化可能會影響到社會大眾情緒。三好（做好事、說好話、存好心）的生命教育更顯得重要，更需要深入推廣及發揚。我們的創辦人星雲大師曾經訓勉過，希望南華有如一朵蓮花，出淤泥而不染。

　　期許南華大學在高校長的帶領下，成為一所不只不受污染的大學，貢獻社會，也是一所可以改變世界的源頭。讓我們共同祝福及期許，希望未來南華大學，校務能夠再飛揚茁壯，讓南華大學的三好生命教育品牌，能夠永續寰宇。祝福大家，身體健康、心想事成。祝福在場的各個學校，校務昌隆，在座的企業及機構，興盛繁榮。非常感謝大家的蒞臨！非常感恩！

——發表於 2024 年 05 月 07 日。

B4 創建品牌、堅持品質： 南華大學參與 ACCSB 認證之經驗分享

當前臺灣高等教育正經歷市場化、少子化與全球化三重夾擊，形勢相當嚴峻，以市場化來看，高等教育已成為一個競爭激烈的市場，消費者（學生）的選擇成為學校存亡的重要關鍵。以少子化來看，生源大幅降低將促使大學陷入激烈競爭，甚至是打價格戰的惡性競爭循環。再以全球化來看，無論國內外都面臨全球高等教育的搶人才大戰，在拓展生源、培育學生國際移動能力、尋找好師資等方面，也都將面臨前所未有的局面，各大學都需要有創新布局與策略才能因應變化。

策略大師麥可・波特（Michael Porter）曾說，在競爭激烈的環境中，所謂成功的策略並不是在相同事情上做得比別人好，而是做出與眾不同的事，因為前者只會造成更激烈的成本競爭，後者則會因自我獨特性，而將對手遠遠拋在後面。

因此，南華大學（以下簡稱「本校」）因應市場化、少子化與全球化三重夾擊的主要策略在於「創建品牌、確保品質」。

一、創建「生命教育」品牌

「創造品牌」策略，本校致力打造「生命教育、環境永續」雙品牌。創建「生命教育」品牌方面，本校經教育部嚴選於 2015 至 2023 年蟬聯九年設立國家級「教育部生命教育中心」，主要推動作為包括：（1）103 學年度起所有大一新生必修正念靜坐課程，乃全國首創必修「正念靜坐」課程；（2）建構生命教育系統化課程，含括正式課程、

非正式課程及潛在課程；（3）推廣至高中職師生的生命教育，2018
至 2023 年共辦理 275 場，2018 至 2023 年共 83,244 人次參與；（4）
推廣至社區的生命教育，辦理現代華佗健康講座推廣健康養生之道，
2018 至 2023 年參與滿意度 97.9%；（5）推廣國際生命教育，包括日
本、中國、香港、馬來西亞、新加坡、美國等六地區或國家，演講超
過 100 場次受惠超過五萬人。

同時也獲教育部補助設置「臺灣生命教育意象館」，2022 年正式
啟用截至 2023 年 11 月共計 212 團 5,103 人參訪。推動至今，2015 至
2017 年及 2020 年四度榮獲教育部「生命教育特色學校」，六度榮獲
生命教育績優／特殊貢獻人員。

二、創建「環境永續」品牌

創建「環境永續」品牌方面，本校於 2016 年 5 月成立永續中心，
106 學年度成立永續綠色科技碩士學位學程，有系統、有步驟的推動
環境永續。

2019 年至今獲得多項獎項，例如，2019 至 2021 年連續三年獲國
家企業環保獎「金級獎」，2021 年再獲頒「榮譽環保企業獎」，2022
年榮獲第四屆國家企業環保獎「巨擘獎」（最高榮譽），2023 年榮獲
第五屆國家企業環保獎「巨擘獎」（最高榮譽），2019 年獲英國標準
協會「BSI 永續傑出獎」，2019 年獲香港鏡報月刊「第二屆學校社會
責任獎」，2019 年榮獲 TCSA「企業社會報告書金牌獎」及「企業綜
合績效 TOP50 企業獎」，2020 年獲 TCSA 臺灣企業永續獎──「臺

灣企業永續獎金獎」、「TOP50 永續典範臺灣企業獎」，2021 年榮獲臺灣永續能源研究基金會（TCSA）臺灣企業永續獎——企業永續報告書「銀獎」及「臺灣永續大學績優獎」，2022 年榮獲「2022 年亞太永續行動綠色設計獎——銅獎」（大學唯一獲獎學校）。2016 至 2022年連續七年蟬聯世界綠色大學百大學校，2021、2022 年世界綠色大學全球第 64、72 名，2016 至 2022 年連續七年廢棄物處理「全國第一」。本校在英國泰晤士世界大學影響力排名 2020 至 2023 年連續四年獲得全球排名 401 至 600 名，2020 年獲得臺灣排名並列第 22 名、2021 年獲得臺灣排名並列第 11 名、2022 年及 2023 年獲得臺灣排名並列第14 名。

三、善用外部評鑑「確保品質」

「確保品質」策略，評鑑大師丹尼爾・史塔佛賓（Daniel Stufflebeam）強調評鑑目的不在證明（prove）什麼，而在求改善（improve）。

本校依據校務發展建立行政、課程、教學、學習、研究、能源、財務等七項內部品質保證機制，為確保教育品質除透過自我評鑑外，更善用「華文商管學院認證」（ACCSB）、中華工程教育學會（IEET）認證及高等教育評鑑中心品質保證認可等外部評鑑來持續改善。

四、「華文商管學院認證」（ACCSB）的特質

參酌本校吳萬益教授（本校前管理學院院長、管科會 ACCSB認證資深委員）所述，參酌成果導向教育，「華文商管學院認證」（ACCSB）具備四項特質：

（一）ACCSB 認證以成果導向教育為基礎

成果導向教育強調學習成果（outcome）重點不在於學生的課業分數，而是在學習歷程結束後學生真正擁有的能力。成果導向教育強調學習成果導向，重視學生學習成效與明確訂定畢業生能力。ACCSB 以成果導向教育為基礎，強調「說到、做到、看到」三到、證據為本的成果導向。

（二）ACCSB 認證 Mentor 全方位輔導

ACCSB 認證最重要的特色為事前顧問的全方位輔導。擬認證學院接受輔導時，通常透過認證說明會集合全院所有專任教師及行政人員全員來參與，顧問首先針對 ACCSB 之認證構面，包括：（1）教育目標與定位、（2）教學投入、（3）研究／產學投入、（4）行政支援投入、（5）服務投入、（6）執行特色與成效，及（7）國際化等一一進行解說。認證前說明會不僅解釋 ACCSB 認證之優點，更能促使系所建立起長遠認證機制，以持續改善之精神，達到教學品保之成果。

（三）ACCSB 認證指標之間的連動

ACCSB 認證包含七大面向 74 項重點指標，其中教育目標與定位有 11 項，教學投入有 21 項，研究與產學投入有四項，行政支援投入有四項，服務投入有兩項，執行特色與成效有24項，國際化有八項（此項僅用於院系所目標與定位有「國際導向」者）。ACCSB 特別強調各構面指標之邏輯性連結思維及關聯性，從「教育目標與定位」到「執行特色與成效」環環相扣，脈絡清晰明確。

（四）ACCSB 著重持續改善

ACCSB 認證過程特別強調人才培育目標與職場角色之接軌、目標及核心能力與課程內容之呼應、教師研究能量之累積、非正式課程之系統化，並利用畢業生及雇主滿意度調查等資料，依循 PDCA 之循環進行回饋，持續改善，以建立長期穩定可追蹤之品保機制。

五、參與「華文商管學院認證」（ACCSB）

本校是在 103 學年度申請加入 ACCSB 商管專業認證。參與理由、認證過程及結果說明如下：

（一）參與理由

本校申請加入 ACCSB 的主要理由有六：

首先，確保品質深扎品牌基礎：管理學院為本校學生數數一數二的學院，確保管理學院教學品質有助於本校建置「生命教育、環境永續」品牌。

其次，國內唯一商管專業認證機構：ACCSB 是由中華民國管理科學學會主導且經教育部核定之唯一國內商管專業認證機構，經院務會議討論及簽請校長核定，決定以 ACCSB 來取代高教評鑑。

再次，配置 Mentor 制度：ACCSB 認證實施事前顧問的全方位輔導，透過 ACCSB 之 Mentor 制度，全員參與此項認證工作，在推動各項改革時較為容易。

第四，追蹤改善：依照 ACCSB 認證追蹤的七大面向 74 項重點指

標，持續輔導，逐步改善。

第五，論壇交流：ACCSB 針對教學，研究，輔導及國際化等七大認證項目每年均舉辦論壇，各認證學校均前往參加。

最後，密切溝通：管理學院與 ACCSB 認證成員及 Mentor 均保持密切聯繫，隨時溝通協調。

（二）認證過程

本校接受認證之五項過程為：（1）先由 ACCSB 指派 Mentor 來管院向全院老師及職員說明認證的理念及指標。（2）管院及各系經過多次討論，凝聚共識。（3）開始撰寫報告送 ACCSB 認證中心。（4）認證中心送來書面意見，由管院及各系回答並送回 ACCSB。（5）ACCSB 認證團隊前來管院實審。（6）告知實審結果。

（三）認證結果

本校管院接受認證的結果，104～105 學年度初次認證兩年，106～107 學年度接續認證兩年，108～112 學年度第二期認證四年。

六、參與「華文商管學院認證」（ACCSB）之困難及因應

在 ACCSB 推動的過程中，難免會有一些執行上的困難點，茲說明如下：

（一）溝通協調釐清疑慮

在少子化時代，私校招生越來越困難，院系上下莫不將招生列為最重要的工作，大家對於 ACCSB 之認證需蒐集資料、撰寫報告及接

受嚴格檢視之認證過程均視為畏途。

此時，ACCSB 認證中心之說明會就顯得特別重要，在 1 至 3 場認證說明會中，多年來都是由周逸衡執行長親自主持，他提綱挈領地說明加入 ACCSB 認證如何能協助系所建立特色、持續改善及提升形象，並進一步提高新生註冊率。說明會中同時接受老師們的提問，透過雙向溝通、多方討論，促使院系加入認證的行列。

ACCSB 的認證是一項全員參與的工作，透過全員參與，促使參與成員充分瞭解職場角色的要求，去訂定教育目標、核心能力、課程規劃、教師增能等計畫，透過 PDCA 循環運作機制的推動，才能建立完整的持續改善機制。

然而，此工作的推動最怕有資深老師基於既有權益的受損而企圖阻撓，甚至帶頭反對改變，就會使 ACCSB 持續改善的成效大打折扣。因此，除了多方溝通說服相當重要外，校方的全力支持更是不可或缺的要素。

（二）建立學習標竿循序改善

由於 ACCSB 在認證的過程中，特別強調課程規劃及教學內容必須對應學生未來就業職場角色所需具備之能力，因此教師之教學內容就必須有所調整。ACCSB 要求必須設計統整課程來評量學生在畢業前達成核心能力之程度，這部分涉及全體專兼任教師在教學內容及教材之調整，可能是推動 ACCSB 認證最具挑戰性的工作。

通常此項工作並非一蹴可幾，而是要透過教師社群找出改變步

驟，先找出少數創新者開始試辦，然後建立學習標竿，再進行更大幅度的改變，使持續改善成為常態。

七、結語

面臨全球化、市場化和少子化的挑戰，南華大學藉由參與「華文商管學院認證」（ACCSB）其成果導向教育和全面性的認證機制，以及評鑑指標連動與持續改善的作法，更鞏固南華大學的教學品質，也再度強化創新南華大學的辦學績效，使得南華大學在競爭激烈的高等教育市場中創造出生命教育與永續環境的教育品牌，展現大學在當前時代的領航角色與創新能力。

——刊載於《評鑑》雙月刊 2024 年，107 期。

南華大學校訓。

B5 南華大學生命教育品牌的構建與成效

摘要

面對少子化的海嘯,南華大學採取品牌戰,強化辦學的優質化、特色化與差異化,構建全國唯一以「生命教育」為品牌的卓越大學。2013 年起秉持「以生命力帶動生命力」理念,採取「特色化、差異化、整合化」策略,建立以生命教育為引導的「身心靈平衡」教育體系與含括「組織制度、課程教學、教師增能、學生成長、推廣產學、評量改善」六面向的推動機制。2015 至 2020 年度連續獲選設立國家級「教育部生命教育中心」、2015 至 2019 年度連續榮獲教育部「生命教育特色學校」。八年多來學校所展現的整體與師生績效,在各級學校、社區及國際推廣績效,已深獲教育部、國內各界及國際高度肯定。2020 年起建置亞洲生命教育聯盟,期能於 2023 年成為亞洲區生命教育典範大學,2030 年成為國際級生命教育典範大學。

關鍵詞:南華大學、生命教育、教育品牌

The Building and Effects of the Nanhua University Life Education Brand

Abstract

Faced with the impact of low fertility rates in Taiwan, Nanhua University has adopted a strategy to strive to attain academic excellence, strengthen our defining characteristics, and differentiate our brand from other institutions, so as to build Taiwan's only university centered on "Life Education" in all aspects of our strategic goals. Since 2013, adhering to the concept of "Driving Vitality with Vitality", we have implemented a strategy that focuses on "Characteristics, Differentiation and Integration" to establish a "balanced body-mind-spirit" education system guided by life education. Furthermore, a six-faceted mechanism that includes "systemic organization, curriculum instruction, teacher empowerment, student development, promotion of industry-academia collaboration, and evaluation improvement" has also been initiated. From 2015 to 2020, we have been successively selected to set up the national-level "Life Education Center" by the Ministry of Education", and from 2015 to 2019, we were successively awarded the "Life Education School with Distinction" award by the Ministry of Education. Over the past eight years, Nanhua University's overall performance and teacher-student performance have been promoted in schools, local communities and internationally, and have been highly recognized by the Ministry of Education and various institutions at home and abroad. The Asian Life Education Alliance will be established in 2020. We strive to become a model university for life education in Asia in 2023, and an international model university in life education in 2030.

Keywords: Nanhua University, life education, education brand

私立稻江管理學院於 2020 年 5 月 13 日拋震撼彈，2020 年度停招及停辦，師生一個不留。私立華梵大學隨後於 5 月 19 日宣布：2020 年度起全校學生免學費，即大一新生只要修「校園共同維運實習課程」，每週進行五小時的校園維護工作，每學期可獲得與學雜費同額的「品德獎學金」5 萬 4000 元；大二至大四生也可申請「創新共學獎學金」的全額獎金，形同全校學雜費全免（章凱閎，2020）。教育部統計處（2019）指出 108 年度大一新生為 241,797 人，2028 年度將降到 160,164 人，降幅高達 1/3。面對未來少子女化對高教的「強烈地震」，大學應化危機為轉機，強化辦學的優質化、特色化與差異化，採取品牌戰的藍海策略。

壹、百萬人興學創設、飛躍成長的南華大學

南華大學為星雲大師發起「百萬人興學」於 1996 年所創設，係「佛光山聯合大學系統」在臺第一所大學。

20 餘年來秉持大師「懷具百年樹人之志、回饋十方感恩之心」之開示，以「生命關懷、公益公義、國際知名的教學卓越大學」為學校自我定位。

前教育部政務次長林聰明於 2013 年 1 月接任校長後，提出「嶄新南華、獎優扶弱、追求卓越、邁向國際」等四大方針，希望開啟「跳躍成長、學用合一」新里程。107～111 年度校務發展計畫，秉持「慧道中流」校訓，以「提升生命價值與永續發展，培養慧道中流的南華人」為教育願景；以「生命教育、環境永續、智慧創新、三好校園」

為辦學特色；實踐「以生命力帶動三好生命力、以學習力提升就業競爭力、以全球觀促進國際移動力」的教育理念。

2013 年起首獲教育部教學卓越計畫，2013-2014 年以「南華希望工程～把每位學生都帶上來」為主軸，兩年獲補助 6,000 萬元（排名第 33 名）；2015 ～ 2016 年以「南華飛躍工程～讓每位學生自信飛揚」為主軸，兩年獲補助一億元（併列第九名）；2017 年延續性計畫（含教學創新試辦計畫）則以「南華品牌工程～讓每位學生活力四射」為主軸，一年獲補助達 8,000 萬元（併列第三名），乃教卓計畫補助經費、績效進步最多的大學。

在辦學績效上獲得飛躍成長，不僅深獲教育部及各界肯定，學生亦展現亮麗的成果。近幾年具體辦學成果主要有：（一）2015 ～ 2020 年連續獲選設立「國家級教育部生命教育中心」、2015 ～ 2019 年連續榮獲「生命教育特色學校」；（二）2014 ～ 2019 年蟬聯六年三好校園實踐及典範學校；（三）2016 ～ 2019 年連續四年獲國家圖書館「臺灣最具影響力學術資源」評選全國私校第一；（四）2018 年遠見雜誌公布之「臺灣最佳大學排行榜」，在全國大學文法商類排名第 14 名，推廣及產學收入全國排名第 19 名；（五）2015 年全數通過高等教育評鑑中心系所暨通識教育評鑑，2018 年管理學院系所全數通過「華文商管學院認證」；（六）2018 年第二週期「大學校院校務評鑑」全數通過；（七）2018 ～ 2019 年獲 USR 三件，學生數 6 千人以下綜三類私立大學第一，2020 年獲 USR 國際鏈結類萌芽型計畫900 萬元金額為全國最高。（八）2018 ～ 2019 年高教深耕計畫每年

獲補助 6,012 萬元,乃學生數 6,000 人以下獲補助最多之一般私立大學;(九)2016 ～ 2019 年連續四年蟬連世界綠色大學百大學校,其中 2019 年獲全球第 77 名,廢棄物處理及交通運輸項目為全國第一;(十)2018 ～ 2019 年連續兩年獲「企業永續報告類金獎」及「綜合績效類 TOP50 企業永續獎」;(十一)2019 年榮獲第 25 屆國家品質獎－永續發展典範獎;(十二)2019 年榮獲第一屆國家企業環保獎-金級獎;(十三)2019 年獲英國標準協會「BSI 永續傑出獎」、香港鏡報月刊「學校社會責任獎」。(十四)2018 和 2019 年畢業生就業率高達 90.33% 和 94.66%;(十五)2018、2019 年全校註冊率高達 94.39%、95.43%,連續兩年為私立大學全國第一;(十六)2013 ～ 2019 年度碩士班註冊率由 71.97% 成長至 95.60%,碩士專班註冊率由 75.71% 成長至 95.36%(南華大學,2020a、2020b)。

貳、「生命教育」品牌的構建策略

南華大學面對少子化、高齡化、科技化、國際化、社區化的挑戰,除 2013 年來秉持嶄新南華、獎優扶弱、追求卓越、邁向國際」等四大方針,已在「生命教育、環境永續、智慧創新、三好校園」展現辦學績效之外,更致力於打造「生命教育」品牌。

為形塑全國唯一以「生命教育」為品牌的大學,南華大學秉持「生命力帶動生命力」理念,採取「特色化、差異化、整合化」策略,建立以生命教育為引導的「身心靈平衡」教育體系與推動機制。

「特色化」策略乃強化辦學定位與特色,南華大學基本定位為「生

命關懷、公益公義、國際知名的教學卓越大學」，辦學特色為「生命教育、環境永續、智慧創新、三好校園」。

「差異化」策略乃突出與他校的差異，南華大學秉持「以生命力帶動生命力、以學習力促進就業力、以全球觀促進國際移動力」的教育理念，強化學生的生命力、專業力、國際力與就業力在國內各大學中相當具有差異性。

「整合化」策略乃整合國際教育趨勢、國家教育政策、佛光山教育與文化事業與南華大學生命教育相關特色（詳見圖1），掌握趨勢、前瞻布局、整合資源以構建生命教育品牌。

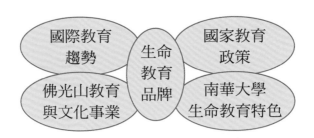

圖1：南華大學生命教育整合向度。

首先，在「國際教育趨勢」方面，2015 年 9 月聯合國永續發展高峰會 193 個會員支持並通過「轉變我們的世界：2030 年永續發展議程（Transforming Our World: The 2030 Agenda for Sustainable Development），以 17 項永續發展目標（Sustainable Development Goals, SDGs）、169 細項目標（targets）為核心，從經濟成長、社會進步、環境保護三個永續發展面向，作為世界上最緊迫挑戰的指南，強調在 2030 年之前結束貧窮，並為所有國家和所有人民帶來經濟繁榮、社會包容、環境永續性以及和平與善政（United Nations, 2015）。身為地球村的一員，大學應掌握此國際趨勢不僅扮演 SDGs 的宣導者，更應扮演 SDGs 的推動者。

其次，在「國家教育政策」方面，臺灣自 86 年推動的中等學校生命教育計畫，2001 年定為「生命教育年」並初頒「教育部推動生命教育中程計畫」（2001 至 2004 年），規劃從小學至大學十六年一貫的生命教育實施。2007 年至 2009 年推動「校園學生憂鬱與自我傷害三級預防工作計畫」，2010 年至 2013 年的計畫以「全人發展、全人關懷、全人教育」為主軸，強調學校、家庭與社會的關聯，加強整合延續，發展特色與創新等目標方向。2014 年提出「教育部 2014 至 2017 年之生命教育推動方案」，強化學前到成人之終身發展階段，更加強關懷特殊與弱勢族群。

2018 年更公布「教育部生命教育中程計畫（2018～2022 年）」，「以臺灣生命教育的回顧、深耕與前瞻」為整體規劃之指導方針，以政策發展與推動、課程教學與師資培育、研究發展與國際接軌三大面

向規劃教育行政機關及各級學校應辦理之工作項目（教育部，2015、2018）。臺灣推動生命教育23年來，已粗具規模與績效，然在大學層次的整合推動、績效提升仍可再努力。

再次，在「佛光山教育與文化事業」方面，佛光山教育事業擁有跨國的佛光山聯合大學系統（包括臺灣的南華大學與佛光大學、美國的西來大學、澳洲的南天大學及菲律賓的光明大學），此外還含括全世界十六所佛學院、四所社會大學、三所中小學、三所幼稚園及海內外二百多所個道場等。

佛光山文化事業包括：佛光山文教基金會、人間文教基金會、國際佛光會、人間衛視、人間福報、人間通訊社、人間佛教讀書會等。佛光山秉持於「以文化弘揚佛法」、「以教育培養人才」的信念，踐行「人間佛教」的理念，致力推廣「做好事、說好話、存好心」的三好運動，若能整合佛光山教育與文化事業，將更能彰顯生命教育品牌的深度與廣度。

最後，在「南華大學生命教育相關特色」方面，南華大學在「三好校園」、「環境永續」及「生死與生命教育」等領域均已展現卓越特色。「三好校園」層面，師生透過身、口、意的具體實踐，培養自信信人、自立立人、服務人群的美德情操，從「制度建立」、「課程規劃」、「活動推廣」、「環境形塑」來推動「做好事、說好話、存好心」之三好校園運動，因優秀的推動績效於2014～2019年蟬聯六年三好校園實踐及典範學校。

「環境永續」層面，2016年成立永續中心統籌推動環境教育，

建立全國性食農教育體系，推動校園節能致使用電指標優於大學平均值，推動校園健康蔬食，學生願意接受蔬食比率 90.94%。

推動低碳校園及資源回收，校園全年節能可減少 842.96 噸 CO_2 排放量，平均每年每人產生垃圾有效資源回收率 49.57%，雨水回收量達 889 公噸，汙水再利用與回收澆灌量達 21.6%。因環境永續的卓越績效，2016 ～ 2019 年連續四年蟬連世界綠色大學百大學校，2018 ～ 2019 年連續兩年獲「企業永續報告類金獎」，2019 年榮獲第 25 屆國家品質獎——永續發展典範獎。

「生死與生命教育」層面，從大學部、碩士、博士到進修學分班學制完整，從生老病死學術領域的開拓深化、生死服務產業鏈的實踐與提升、提高人類死亡的尊嚴到實踐生命意義與價值等理論與實務深具基礎，並跨域整合培育斜槓的禮儀師、社工師與諮商心理師，在學制、研究領域與人才培育已展現頗佳績效，且在校內、高中職、社區與國際推廣生命教育績效卓著。

因此，在多所學校競爭下，2015 至 2020 年度連續六年獲選設立「國家級教育部生命教育中心」。

參、構建「生命教育」品牌的推動機制

南華大學運用「特色化、差異化、整合化」策略，構建「身心靈平衡」教育體系，採取含括「組織制度、課程教學、教師增能、學生成長、推廣產學、評量改善」六面向的推動機制（詳見圖 2），六面向推動架構的內涵詳見表 1。

圖 2：南華大學生命教育推動架構。

行腳托鉢。

表 1：南華大學生命教育六面向推動架構的內涵

面向 / 內涵	
一、組織制度	
1、設置國家級教育部生命教育中心	6、深耕高中職敦親睦鄰生命教育發展聯盟
2、設置生命教育中心（一級單位）	7、構建「身心靈平衡」教育體系
3、設置國際生命教育資源中心	8、設立生死學系博士班並已建構完整學制
4、建置亞洲生命教育聯盟	9、建置、持續完善推動生命教育的相關辦法
5、深化大專校院生命教育聯盟運作機制	
二、課程教學	
1、首創正念靜坐、成年禮必修課程	7、著重潛在課程形塑具有感恩與生命力的校園
2、融入生命教育服務學習必修課程	8、開發並數位化生命教育教材模組
3、強化各學院身心靈領域課程	9、建置並完善生命故事網站與資料庫
4、推動團隊自主學習課程	10、編製生命教育英語教材並錄製英語課程
5、整合正式、非正式、潛在課程推動生命教育	11、建置生命教育活動及課程之英語教學及推廣網站平台

6、深化生命教育相關活動的非正式課程	12、建置整合性國際生命教育課程教材教學平台

三、教師增能

1、精進教師生命力教學方案	6、建立、累增生命教育種子師資人才庫
2、擴增生命自覺種子教師團隊	7、強化教師傳習、增能第二專長的服務
3、活絡生命教師自覺社群	8、每年遴選生命教育優良教師
4、遴選生命教育英語種子教師組成專業社群	9、遴選珍珠導師及強化教師職能
5、強化生命教育諮詢服務團隊	

四、學生成長

1、施行三好認證制度，力行三好塑造三好校園	6、強化全校禮貌運動、淨掃及生命關懷等活動
2、創推與深耕六合一學習守護機制	7、強化服務學習全面取得志工服務紀錄冊
3、創推、強化學生自主學習護照	8、舉辦「新鮮人 LIVE 生命教育成長營」
4、整合環境永續、SDGs 協力共進	9、擴大推動珍珠學生、導師
5、深耕校園健康蔬食、校園節能與資源回收	10、深化 I/WE CAN 計畫

五、推廣產學	
1、打造生命教育金字塔提升各級學校績效	8、推廣、領航生死服務至亞洲、全球
2、推廣各級學校打造一條龍生命教育鏈	9、面向產業設置生命教育專業人才碩士在職班
3、結合佛光山及福智等民間團體推動生命教育	10、結合產官學設置身心靈服務與照護團隊
4、辦理生命教育關懷與推廣微電影徵選	11、結合公民營機構建立身心靈服務與照護團隊
5、推廣中小學師生的生命教育與關懷	12、結合企業推動銀髮照護與生死關懷產學合作
6、結合企業至社區推動生命教育	13、結合區域產業發展具身心靈平衡特色之產學研
7、推廣至 20 個以上地區或國家的國際生命教育	
六、評量改善	
1、編製學生生命自覺量表	4、逐年檢測師生生命力提出改善策略
2、編製教師生命自覺量表	5、逐年檢測學生核心能力提出改善策略
3、編製學生核心能力量表	6、每年完成生命教育執行與改善報告

一、組織制度

在「組織制度」面向，較重要者有九項內涵（詳見表 1）。南華大學以推動生命教育與三好校園良好績效，於 2015 年起經過各大學激烈競爭、嚴格篩選已六年蟬聯獲得國家級「教育部生命教育中心」，以此中心結合學校的生命教育中心、國際生命教育資源中心為主力，並已設置大專校院生命教育聯盟、高中職敦親睦鄰生命教育發展聯盟正持續深化。

2020 年起建置「亞洲生命教育聯盟」，結合佛光山道場及海外教育資源簽訂亞洲區生命教育夥伴學校，建置生命教育推廣網站平台，輸出生命教育教材、課程、歌曲或戲劇至各夥伴學校共同推廣生命教育，並持續擴大夥伴學校所屬區域，朝世界級生命教育典範大學邁進。

以教育部生命教育中心、南華大學生命教育中心、人間佛教研究及推廣中心、永續中心、正念靜坐教學中心、自然醫學研究推廣中心等為基礎，並規劃成立樂齡養生與產業碩士學位學程，將教學、研究、產學與身心靈平衡結合，構建「身心靈平衡」教育體系。2019 年獲教育部通過設立「生死學系博士班」，結合已有的生死學系大學部、碩士及進修學分班，已形成完整的生死學學制。

另，建置、持續完善推動生命教育的相關辦法，如訂定培育珍珠計畫甄選作業要點、訂定 I/WE CAN 計畫施行辦法、研訂三好護照施行細則，以及修訂正式課程與非正式課程的相關辦法。

二、課程教學

在「課程教學」面向，較重要者有 12 項內涵（詳見表 1）。豐富必修通識生命涵養課程，首創正念靜坐、成年禮必修課程，融入生命教育服務學習必修課程、強化各學院身心靈領域課程及推動團隊自主學習課程等。整合正式、非正式、潛在課程推動生命教育，深化生命教育相關活動的非正式課程，著重潛在課程形塑具有感恩與生命力的校園。

深耕教材、教學與資源，開發並數位化生命教育教材模組，建置並完善生命故事網站與資料庫，編製生命教育英語教材並錄製英語課程，建置生命教育活動及課程之英語教學及推廣網站平台，以及建置整合性國際生命教育課程教材教學平台分享資源。

三、教師增能

在「教師增能」面向，較重要者有九項內涵（詳見表 1）。為提升教師生命教育教學知能，提出並精進教師生命力教學方案，深化教師生命力教學兼顧提升教學品質、強化生命與產學鏈結，不僅提升生命力，更著重實務力（詳見圖 3）。

為提升協作增能，擴增生命自覺種子教師團隊、活絡生命教師自覺社群、遴選生命教育英語種子教師組成專業社群，以及強化生命教育諮詢服務團隊等。為豐富生命教育培育人才，建立並累增生命教育種子師資人才庫，強化教師傳習、增能第二專長的服務，每年遴選生命教育優良教師，並遴選珍珠導師及強化教師職能。

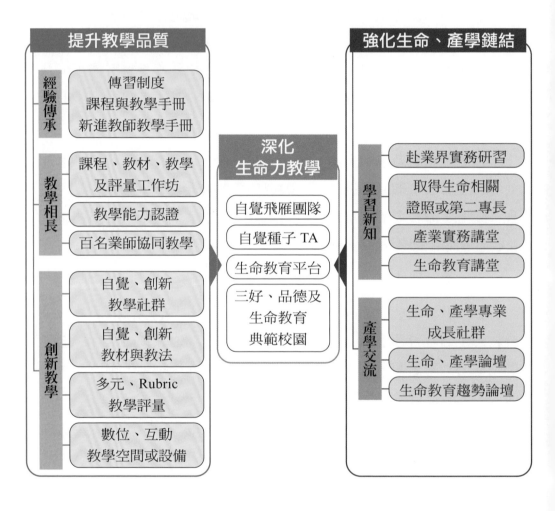

圖3：精進教師生命力教學方案。

四、學生成長

在「學生成長」面向，較重要者有十項內涵（詳見表1）。推動生命教育與三好校園、環境永續及 SDGs 充分整合協力共進，施行三好認證制度，辦理具有三好內涵之講座及活動，如行腳托缽、三好整潔比賽與省電比賽等，提升學生自信心與競爭力，引導師生力行三好塑造三好校園。建置周延的輔導與自主學習體系，如創推與深耕六合一學習守護機制、五師守護機制，及創推、強化學生自主學習護照。

深耕校園健康蔬食、校園節能與資源回收，強化全校禮貌運動、淨掃及生命關懷等活動，強化服務學習全面取得志工服務紀錄冊，從關懷自己到服務社會，再到關懷自然的永續教育。另，舉辦「新鮮人LIVE 生命教育成長營，擴大推動珍珠學生、導師以及深化 I/WE CAN計畫均極力提升師生的生命力。

五、推廣產學

在「推廣產學」面向，較重要者有 13 項內涵（詳見表1）。南華大學從「我好」到「我好、你好、他好」共好，積極提升各級學校生命教育，如打造生命教育金字塔提升各級學校績效，透過與地方政府、各級學校、民間社會各界的共同努力，更全面多元地紮實深耕，並因應時代發展與需求，不斷反思與創新，從而能與國際化、全球化的脈動結合；推廣各級學校打造一條龍生命教育鏈，從大學、高中職到中小學提供符合其需求、縱向連貫與橫向整合的服務，辦理生命教育關懷與推廣微電影徵選，以及推廣中小學師生的生命教育與關懷。

整合各界資源共同推廣生命教育，如結合佛光山及福智等民間團體推動生命教育、結合企業至社區推動生命教育、推廣至 20 個以上地區或國家的國際生命教育以及推廣、領航生死服務至亞洲、全球。在產學研究方面，面向產業設置生命教育專業人才碩士在職班、結合產官學設置身心靈服務與照護團隊、結合公民營機構建立身心靈服務與照護團隊、結合企業推動銀髮照護與生死關懷產學合作，以及結合區域產業發展具身心靈平衡特色之產學研等

六、評量改善面

在「評量改善」面向，較重要者有六項內涵（詳見表1）。秉持「沒有最好、只有更好」的原則，定期評量與持續改善生命教育推動機制與成效。建立具信度與效度的生命教育評量體系，如編製學生生命自覺量表、教師生命自覺量表及學生核心能力量表，並善用上述標準化的三個量表逐年檢測師生生命力、核心能力提出改善策略，並每年完成生命教育執行與改善報告，作為持續改善的依據。

參、構建「生命教育」品牌的績效

茲從南華大學整體績效與師生績效、各級學校推廣績效、社區及國際推廣績效來說明南華大學構建「生命教育」品牌的績效。

一、南華大學生命教育整體績效

南華大學乃是全國唯一以「生命教育」為辦學特色的大學，因推動生命教育績效卓著，2015 ～ 2020 年度連續獲選設立「國家級教育部生命教育中心」、2015 ～ 2019 年度連續榮獲「生命教育特色學校」，

2014 ～ 2019 年蟬聯六年三好校園實踐及典範學校，2014 ～ 2019 年度連續獲教育部選為「品德教育推廣與深耕學校」。顯見，整體績效深獲教育部及各界肯定。

二、南華大學生命教育師生績效

南華大學全校逾 1/3 的教師為生命教育種子教師，開設生命教育課程 139 門約佔全臺大專校院之 6%，比例冠全台。2017 年教師之教學生命力、生活生命力及以生命力帶動生命力等平均數均較 2014 年為高，其中整體生命力高於 2014 年平均數比例達 67.35%。2017 年、2019 年教師達成生命力正向能量評量標準之比例由 71% 提升至 83%。另，林聰明校長、鄒川雄教授獲教育部 2015 年生命教育績優人員，釋慧開教授、林綺雲講座教授分別獲教育部 2016 年、2017 年生命教育特殊貢獻獎。

2014 年度起，所有大一新生必修正念靜坐課程，修課率達 100%，針對學習課程學生採取生命自覺量表（前測 - 後測），結果發現：正念靜坐訓練能顯著提升學生的學習效能及專注力，「自我成長」提升達 87.70%、「同理心」提升 90.57%，且情緒困擾降低達 54.51%。

2013 年度入學學生經抽樣調查，四年（2017 年）學習後，自我反省、自我價值、自我成長及同理心均顯著提升，分別為 89.96%、63.73%、87.70% 及 90.57%，自我效能、學習價值分別提升 88.58%、66.73%，且情緒困擾降低比率為 54.51%；2017 年六項校核心能力總分高於 2013 年平均數的人數比率達 71.01%，其中專業知能

（81.52%）、實務應用（75.10%）成長最多，顯見學生從入學到畢業之生命力、基礎力及軟實力已顯著提升。另，2017 年、2019 年學生生命力達評量標準之比例由 73% 提升至 78%。

三、各級學校推廣生命教育績效

與國際佛光會及相關團體合辦，向下扎根至中小學生的生命教育，辦理「生命教育十堂課」，即「從天災看環保」、「從人禍看和平」、「從人我看情感」、「從因果看護生」、「從電玩看正當休閒」、「從霸凌看校園安全」、「從幫派看逆轉人生」、「從吸毒看健康人生」、「從服務看未來與希望」、「行三好創造幸福人生」等十堂，每年受益超過十三萬中小學學生；透過講座、生命體驗、研習會，推廣至高中職師生的生命教育，每年受惠高中學生數約 36,000 位，每年受惠高中職教師約 2,300 位。

2018 年起執行「生命教育與關懷」推廣計畫，配合申請學校的時間進行生命教育講座，其主題包括生命教育、性別平等、生涯規劃、人權法治教育、品德教育、家庭教育、校園霸凌預防、情緒與壓力管理、人際關係與溝通、憂鬱自殺防治、環境與生態、生命倫理及其他與生命教育相關之議題等，函送全國各高中職申請，由生命教育種子教師，進行生命教育講座演講，2018 年共辦理 49 所，14,072 人次參與，至 2019 年增加為 70 所，提升幅度高達 42%，參與人次也由 14,072 人增加為 22,200 人。參與學校人員生命力獲得提升之人數比例達 92%！

各級學校人員於參與南華大學生命教育活動後，在「生命教育體認量表」五點量表達 4.0 以上人數比例，2018、2019 年皆達 92%，超越原訂目標值達 12%，達成南華大學拓展生命教育影響力之目標。另，辦理大專生命教育微電影競賽，讓關注生命教育議題、尊重及熱愛生命的大專青年發揮創意提出創作，2019 年共有來自全國各地 20 所大專校院，80 位學生熱情參與。

四、社區及國際推廣生命教育績效

推廣至社區的生命教育，辦理現代華佗大林講堂，推廣健康養生之道，2018 ～ 2019 年 1,571 人次參加滿意度近 100%。舉辦雲水書坊行動圖書館的公益服務，2017 ～ 2019 學年度上學期雲水書坊行動圖書館共辦理 180 場，服務 18,831 人次。協助地方政府及組織辦理「成年禮」活動及「孝親洗腳」，每年參與人數近萬人。

推廣國際生命教育，包括日本、韓國、中國大陸、香港、馬來西亞、新加坡、澳門、菲律賓、美國、關島、澳洲、紐西蘭、法國、英國、荷蘭、瑞士、梵蒂岡、義大利、德國、奧地利等 20 地區或國家，近幾年演講約 100 場次受惠超過五萬人。另，2014 至 2018 年國際青年來台與南華大學參與生命禪學營者計 4,500 餘名。

肆、結語

南華大學面對少子化的海嘯，採取品牌戰，強化辦學的優質化、特色化與差異化，構建全國唯一以「生命教育」為品牌的卓越大學。2013 年起秉持「生命力帶動生命力」理念，採取「特色化、差異化、

整合化」策略，建立以生命教育為引導的「身心靈平衡」教育體系與含括「組織制度、課程教學、教師增能、學生成長、推廣產學、評量改善」六面向的推動機制。

　　七年多來，已在學校整體、師生績效、各級學校推廣績效，以及社區及國際推廣績效深獲教育部、國內各界及國際高度肯定。秉持「沒有最好、只有更好」的原則，2020 年起結合佛光山道場及海外教育資源簽訂亞洲區生命教育夥伴學校，建置亞洲生命教育聯盟，期能於 2023 年成為亞洲區生命教育典範大學，2030 年成為國際級生命教育典範大學。

　　　　　　　　——刊載於《教育研究月刊》2020 年，309 期。

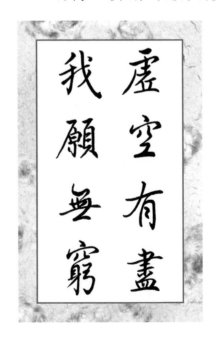

虛空有盡
我願無窮

C 身心靈生養力行 × 6 篇

C1 改變命運由勵行三好運動做起

　　1月16日（編按：2015年）星雲大師在佛光山針對全國大專院校校長座談會當中，曾經語重心長的道出：「大專教育要重視人文思想、品格教育、群我關係及自覺發心。」該段演講內容相當精采。作者認為不只是大專教育應當遵守，全國各級教育均應履行實踐。

　　為改進當前學生態度問題，各界無不努力推動相關政策，然而在諸多措施當中，最簡單最易導入人心的莫過於人間佛教的九字箴言：「做好事，說好話，存好心。」不只易懂，易記，只要稍加用心，較易推廣。

　　「做好事」，如舉手之勞做環保、撿垃圾、擦桌子、掃地、讓坐等等，均是學生每天可以接受且實踐的事情。做好事，只要誠心誠意，亦可改變命運，在《了凡四訓》一書當中提到，該書作者袁黃先生，明朝吳江人，在慈雲寺遇到一位精通皇極數的孔先生為他起數算命，靈驗無比，讓他不再努力，以為一切均由命運主宰，後來在棲霞山雲谷禪師的指點下，努力行善。

　　「勿以善小而不為」，每天將所行善惡，利用功過格，詳細記載。他並發願行善三千條。之後發現原來起數算命的預測開始改變，之後再度發願行善一萬條，改變他的一生。他最後寫書告誡後人：「命可由我做，福可以自己求，一切福田不離方寸，從心而覓，感無不通。」

「說好話」，口出蓮花，鼓勵多讚美，多肯定他人，不挑撥離間，多向老師問安，多向父母感激。日本江本勝博士的大作《來自水的訊息》一書提到，他曾做過實驗，發現水在 10 的負 29 次方放大顯微鏡下，同樣的水，分成兩杯，一杯水讚美它，另一杯水詛咒它，結果分子結構全然改變。經過讚美的、肯定的，水的分子結構變成是鑽石型的漂亮型體，而另一杯經過詛咒的水，其分子結構為零散的型體。我們人體的眼睛無法看得出水結晶體的變化，可是在高倍數顯微鏡放大下，可以一覽無餘。

水可以聽得道，看得懂而受到我們語言的影響，何況是人類，因此多說好話，多稱讚別人，多肯定他人，磁場真的會改變。哈佛大學、耶魯大學及哥倫比亞大學均有相關的實驗，發現一個家庭，或一個團體在和諧的氣氛下，家人或成員生病的比率均比較低。

「存好心」，善心念的發起，剛開始的確不容易被察覺。在佛法裡有所謂的一切為心造，心淨而佛土淨，完全由自己造作，自己知覺。相由心生，心想的會浮現在相貌上。宇宙虛空，有如一道行為律儀反射牆，心存善念，必會反射或反應在自身或家族成員內；相反地，心存惡念，也一樣會反射在自己身上，如罪大惡極時，更會影響到家族成員。

在「俞淨意公遇灶神記」裡，當事者俞都先生，明嘉靖年間，少年聰明，18 歲即考上秀才，開班授課，參加不少社團也參與放生，一生戒殺、戒口、戒邪淫，多年行持。然而之後，連考七次舉人均未能通過，生有五子，其中四子夭折，一子後來又失蹤。生有四女，其中

三女夭折，太太過度傷心，哭成失明。於 40 歲時開始在除夕夜當晚書寫疏文，認為如果真有灶神、天帝，則請灶神轉呈天帝，表明天理不公，因為他認為他行善多年，卻得到如此報應。於 47 歲時，受灶神現身點化告訴他，雖行善事，但意惡太重，注重虛名，朋談訕笑，觸怒鬼神。邪淫雖無實跡，可是見到美女，心即搖動，久久不能去除。雖有放生，隨班逐流，注重形式，天帝曾派人察視，發現他意念不清淨，貪念、淫念、忌妒念，隨時充斥。建議他要摒除貪淫妄想念頭，無私無我，力行善事。

俞先生被這突如其然的點化，頗為震驚。開始改正意念，特別取別號名為「淨意」，努力改進心念並行善，後來果真改變他的一生，孩子也失而復得，妻子也恢復視覺。他把一生過程書寫成冊，以訓子孫。

以上故事均為當事人親自體驗，做好事，說好話，存好心，改變他們的一生。目前社會人心浮動，功利主義盛行，三好運動極需大力推動。南華大學由於推動成效卓越，被選為實踐績優大學之一，且被教育部遴選為「國家生命教育中心」的唯一大學，我們願意與大家分享我們的努力成果，期許大家共同努力，共同推動，讓我們的社會更和諧，國家更安定。

——刊載於《人間福報》2015 年 01 月 26 日，5 版，人間百年筆陣。

C2「正念靜坐」將會逐漸成為顯學

　　根據美國衛生署的統計，過去 20 年，美國勞工人口至醫院看病的原因有 70% 至 90% 是與工作壓力有關的病症。此外，根據聯合國世界衛生組織的估計，亞洲至少有 5,000 萬名憂鬱症患者，其中大部分是屬於 27 歲至 40 歲的工作人士。

　　而我們臺灣，目前罹患憂鬱症人口至少也有 150 萬人以上，尤有甚者，目前手機過度使用，導致年輕族群無法專心向學或工作，亦是當前各界憂心國力衰退的重要一環。為糾正並改善心理憂傷、恍惚、注意力分散、沮喪等問題，各國無不思考如何解決及改進政策。

　　被譽為「認知科學神經之父」的美國威斯康辛大學麥迪遜分校戴維森教授（Richard Davidson）曾用電腦圖、磁振造影等尖端儀器測量腦波的變化，發現腦部負責情緒調節的左額葉前部皮質活躍時，人會有快樂、熱忱、愉悅、精力充沛的感受，這些實驗證明了腦部左額前部是正向情緒的中樞。

　　戴教授再以一家公司的員工為實驗，發現靜心冥想、正念靜坐，不只可以減壓，也帶來了績效、創新和獲利的顯著成長。

　　15 年來，來自不同國家的大學教授、科學家亦發現，正念靜坐、冥想對大腦的功能和結構皆有明顯的影響。從探索到實踐靜坐冥想，都可能改變身心的變化。

　　本人在擔任南華大學校長之初，由於機緣應邀至美國 Maharashi 大學參觀，當抵達該校時，覺得師生均非常友善，態度非常和藹，經

過深入探討發現，超絕靜坐的全面實施以及全面推廣有機蔬食是該校的主軸特色。每天上課前的 20 分鐘，以及下午最後一節結束前 20 分鐘，師生均予靜坐。

學校並把大一新生的腦波予以掃描建檔，就讀四年，大學畢業前再將畢業生的腦波予以掃描，兩相對照，發現學生的腦波均有顯著的變化差異。

全校並全力推廣綠色校園，有機蔬食，形成獨有的特色，被美國及世界各國傳為美談。經過此次的發現，加上作者本身多年來的禪坐經驗，認為正念靜坐可以在南華大學推動。經過內部溝通，獲得了同仁的呼應，在 102 學年度新生予以試辦。經過一段時間觀察，發現學生的自覺、同理心均有明顯增加，並且情緒困擾減少。

由於績效顯著，特由試辦改為正式必修課程，成為臺灣第一所推動正念靜坐的大學。兩年來，經過同仁的調查分析，發現學生的同理心增加 81.7%，自我成長提升 84.5%，學習效能成長 78.5%，同學的情緒困擾降低了 60.2%。以上這些數字改變與各國相關的科學實驗報告，雖然數字不能全部一致，但效果頗為吻合。

有一次當作者在做經驗分享時，也發現國內外很多公司均有類似報告，包括谷歌、惠普、台塑、思科、蘋果、雅虎以及日本的豐田等，而且成果相當正面。

南華大學這幾年來各方面推動績效頗為卓著，包括：被全國大學校長互評績效最卓著的前 15 名，學術影響力、著作點閱率均被國家

圖書館評為私立大學第一名，西班牙網路大學機構典藏排名臺灣第 14
名，世界 689 名，教學卓越計畫在國內並列第 9 名，這些成果應當與
全校推動生命教育與正念靜坐有直接或間接關聯。

　　情緒的調整、腦波的變化並不是一朝一夕馬上可以改變，它需要
時間的累積才能形成果實，也因此，正念靜坐的練習亦需要有恆，經
常練習才能累積成效。

　　由於正念靜坐經過科學的佐證其效果頗為顯著，英國公立的中小
學亦已全力推動，筆者相信，正念靜坐已超越宗教。練習靜心冥想可
以穩定情緒紓解壓力，減少心理疾病、增加工作效率，相信未來會逐
漸發展成為顯學。

　　──刊載於《人間福報》2016 年 03 月 17 日，5 版，人間百年筆陣。

C3 養生的重要法則──淡定、利他

　　「養生」可以說是目前最流行的話語。打開電視、收音機、報章雜誌幾乎各家都有請專家、學者針對各自專長，提供他們的看法。有從運動切入的，也有從飲食著手，有從功法切入的，也有從藥理著手，琳瑯滿目。

　　近年來，由於工作業務需要，筆者常常接觸到身心靈的相關專題論述，發現心態的調整再配合其他前項所列事項，可能比較務實。因此特別把一些資料加以整理，提供給各界參考，希望對讀者有參考價值也請大家指教。

　　德國有上千醫生，根據他們的研究分析，發現「情緒」是影響一個人身心疾病的重要根源。他們發現：當一個人常生氣時，肝臟可能出現問題。此點與中醫所常提到的肝火上升，似有雷同之處，肝火一上升，人就很容易失控、生氣等；當一個婦女常常與子女有過節時，他們發現該婦女很容易發生左乳癌。如果婦女常與子女以外的人常有過節，就必須注意右乳疾病的發生了。

　　此外，他們也發現，如果一個人常常意志消沉，就要注意他／她骨骼的問題。又如果常有怕水的情況，該專家群呼籲可能要注意他／她的腎臟。諸如此類，該專家群發現很多疾病常因情緒的起伏，而影響身心的平衡。因此，如何調伏情緒，變成是一項重要的課題。

　　要調伏情緒，有從內修打坐調整身心，內觀呼吸等訓練起，也有時刻培養站在對方立場考量，隨時設身處事，易地設想之養成，這些

都是調伏情緒之方式。最近有人研究發現，凡事平淡自守，安貧樂道，不貪不求，心意自然平靜之養生見解。

在 1988 年美國哥倫比亞大學哲學系博士生霍華德先生，為了探討人生的幸福感到底取決於什麼？當作他得博士論文題目。他特別設計一項問卷，內有個人的資料，還有五個選項：A 非常幸福，B 幸福，C 一般，D 痛苦，E 非常痛苦。他發出了近萬張的問卷，回收了 5,200 份的有效問卷。經過統計，僅只有 121 人認為自己非常幸福。他針對此 121 人做了詳細分析，發現當中有 50 人的幸福感來自他們事業的成功，而另外的 71 人，有的是普通家庭主婦，有的是農民、小職員等等，雖然職業多樣，但是他們都有一個共同點，那就是他們對物質沒有太大的要求，他們平淡自守，安貧樂道，心中沒有什麼罣礙，覺得非常幸福。

這個調查結果讓霍華德先生發現世界上有兩種人最幸福，一種是在事業上有傑出成功者，一種是淡泊寧靜、內心修練的人，他的博士論文也獲得極高的評價。20 年後，他很好奇當初他的研究結論是否仍然一致，他又針對原來那 121 位自己覺得非常幸福的人做第二次調查。當年那 71 名淡泊寧靜的人，除了兩名去世外，共收回 69 份。

這 69 位的人生有的職業產生很大的變化，有的是被列為成功人士，有的人如昔，但有一共同處就是他們依然覺得自己「非常幸福」。而另外 50 名原先是因事業成功而覺得「非常幸福」者，經過 20 年來的變化，只有九位事業仍然一帆風順，依然堅持當年的選擇「非常幸福」，其餘有因事業挫敗、不如意、降職，而改列了「一般」、「痛苦」

及「非常痛苦」。霍華德先生經過深思，最後在他的總結提到：「所有靠外在物質支持的幸福感，都不能持久，會隨著外在物質的離去而離去，只有心靈的淡定、寧靜而產生的身心愉悅，才是幸福的真正泉源。」

覺得幸福的人，由於內在平和、服務利他，與周遭的人相處融洽。也因此親近、溫馨、友善的環境自然形成，其身體也會因此比較健康。美國哈佛大學心理學家曾經針對 1952 年至 1954 年的哈佛大學 126 名男學生發問卷，請他們描述自己與父母親的關係。35 年後再針對那 126 名的身體疾病交叉分析，發現家庭溫馨友善者，其生理疾病如心血管、高血壓、十二指腸潰瘍等罹患的比率，幾乎是家庭關係緊繃、冷淡的一半。耶魯大學亦曾有類似的研究，亦即是內心平和且有服務利他的人，其罹患疾病的比率較低。

養生不外是追求身體健康、快樂、活得長長久久，但是如果慾望奢求心態不調整，縱使吃很多補藥，練很多功法，仍然無濟於事。心態的調整、平淡寧靜，以及利他愛心的養成，也許是養生的最重要法則。

——刊載於《人間福報》2016 年 04 月 05 日，5 版，人間百年筆陣。

C4 禮敬大師　師法大師

　　四年多前，在因緣際會下，有機會在佛光山星雲大師所創辦的大學之一，南華大學服務，的確是終身之榮幸。在這裡有很多的機緣可以接觸到大師向大師請教，聆聽他的開示；在這個體系，有很多的機會到世界各國各個道場參觀，並參加各種活動，讓自己受益不少，也增廣自己的見聞；在追隨大師的過程中，目睹到了友邦國家元首或領導人員親自向他請益，也親自見習到他對一些疑難問題的圓融排解。大師出口成章，記性特好有如電腦般之記憶體，人、事、物、以及相關來龍去脈均能一一敘說。每次見面，猶如彌勒佛般的笑容，給人歡喜。

　　在他的開示中，每次均能利用一些故事讓人瞭解佛法不會那麼艱深生硬，令人如沐春風，給學習者很大信心，鼓舞及希望。大師以一個貧僧，未曾受過完整的教育，在世界卻創設了 5 所大學，3 所中小學，20 所佛教學院，承辦了 20 間社區大學，30 餘所幼稚園、托兒所；在偏鄉教育啟動了 50 部雲水書車，行動圖書館。也在全球創設了 22 所佛光緣美術館、上千個讀書會，百餘個協會，並且設立了人間福報及人間衛視宣導正法，教化人心。大師以一個弘揚佛法為職志的出家眾，何以能夠影響全世界五大洲的人民，讓佛光普照三千界，法水長流五大洲？

　　我們很高興此次佛光山能夠把星雲大師的 365 冊著述中有系統的依序整理，分成 12 大類，包括經義、人間佛教論叢、教科書，講演、文叢、傳記、書信、日記、佛光山系列、佛光山行事圖影、書法、附錄等，以供有心研究經典，及有欲師法大師旅程的人士學習。

最近美國大衛‧霍金斯博士／醫生（Dr. David Hawkins）經過實驗百萬人次後發現：人的意念震動頻率可以分為 1 至 1,000 間，凡有負向思考的人，均低於 200，相反的，如一個人的心念越慈悲越善良，利他無私無我，能量愈高，振動頻率愈大。正能量愈高的人，出現會場，氣氛會愈好，因為他的磁場會帶動美好和感動氣氛。歷次追隨大師均能深刻體驗箇中情景，令人無不感動。

大師為了教化人心，扭轉社會風氣，特別提倡「三好」：做好事、說好話、存好心，及「四給」：給人信心、給人歡喜、給人希望、給人方便。不但易記，易懂，更沒有宗教，種族，國家，文化之區別。「行為，可以決定一個人的未來」「態度，可以影響一個人的深度與廣度」但唯有靠實踐才有力量，因此大師希望大眾透過身口意的具體實踐做有益人間的好事，說令人受用的好語，常懷祝福別人的好心，讓「善種子」在心中開花結果，大師有感於社會的倫理道德有待提升，自 2011 年起大力推動，尤其是「三好校園實踐學校」的選拔，由教育著手，形塑和諧的校園文化，強化品德教育，增進師生關係，如今不只臺灣在推動，更是普及到全球五大洲。

大師有感於一般人講話，常常令人感到挫折，讓人喪失信心，希望大眾在待人處事方面，多給予慈悲愛語，以增加他人信心及增加自己的人緣；大師希望把歡喜布滿人間，推廣心意布施，微笑布施，以給人歡喜；為讓人生活有希望，工作無障礙，大師處處以身作則，並以佛光山為典範，讓環境佈置，隱含教育功能，給人方便及希望。「給」看似利他實則利己。只要大眾常存慈悲之心，處處與人為善，時時給

人信心，給人歡喜，給人希望，給人方便，給人一點因緣，給人一點微笑，就能讓人民的心形成一座美好的橋樑，讓人我溝通無障礙。

透過「三好」的推廣實踐，讓社會更美好，透過「給」的實踐，讓人生活中充滿了歡喜與希望，大師以其一身言行，做到「捨」與「給」無私無我的奉獻，以出世的精神，從事入世的事業。但願晚輩的我們，能夠在大師的學思歷程中得到生活修行的啟發與指引。

——刊載於《人間福報》2017 年 05 月 05 日，5 版，人間百年筆陣。

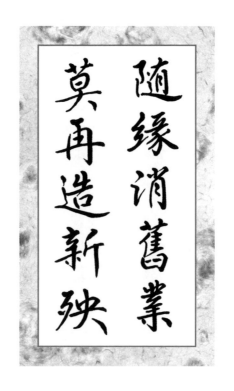

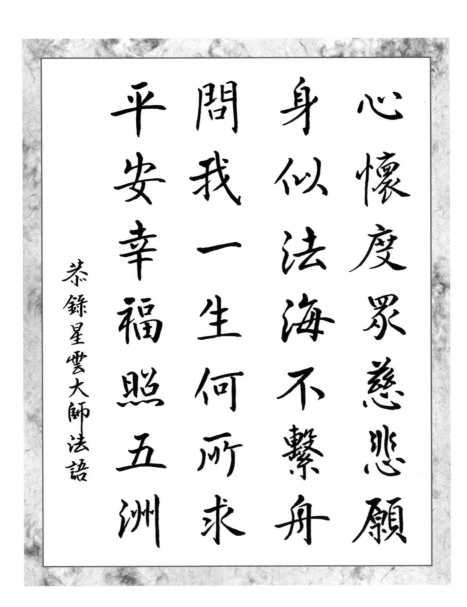

心懷度眾慈悲願
身似法海不繫舟
問我一生何所求
平安幸福照五洲

恭錄星雲大師法語

星雲法語。

C5 改變習性是一門大學問

最近常在電視上看到一些因為作奸犯科而入獄者，往往於服刑期滿之後不久，會又再重施故技而鋃鐺入獄，這就是習性作祟，即使我們也是經常被習性所左右，只是從犯罪者身上更容易察覺，這些的習性是我們過去長期習慣於某種社會環境及自然條件下而形成的，不是短期內可以糾正過來，除非找到它的根源，且要能讓當事人受到適當教化而覺醒及改進，這段改變習性的歷程，真是一門大學問。

人在社會環境當中，不能避免與親朋好友、上司、同事、下屬等接觸，在互動過程中產生種種情緒，有些令人歡喜而心情愉悅，有些則令人產生怨恨糾葛。而這些怨恨糾葛如沒有得到適時紓解，久而久之就會影響身心的不平衡而產生疾病。

過去在德國曾經有 3,000 多位醫生研究發現人的情緒糾葛與癌症幾乎有 90％的關連性。如當一個人常對別人生氣懷恨者，很容易產生肝癌等等。他們發現情緒糾葛與矛盾是致癌的重要因素。在美國耶魯大學，曾經針對一些有關心血管阻塞毛病的人進行研究，他們發現當一個人常感有被愛與關懷者，較少得到此種毛病。

美國哥倫比亞大學亦曾經有一篇研究，有關人類幸福的密碼，到底人的幸福感取決於什麼因素？研究者霍華德‧金森博士後來發現當一個人能夠平淡、安貧樂道、欲望低者，會比較有幸福感。他也發現凡是追求功成名就、事業鴻圖大展的人，可達到一時的滿足幸福感。但是，時空一轉變，幸福感即產生變化。唯有隨時保有平淡、寡欲、

安貧樂道的心境，才能夠達成究竟持久的幸福。

由以上實驗可以看出，情緒會影響一個人的健康，但最令人感到可怕的是它會成為習性的種子，長期下來則影響深遠。這些習性如未獲得適當釋放化解，很可能在不經意中迸發出來，造成或大或小的影響，小至偷竊大至殺人放火，不可小覷。

那我們如何轉化習性？在不同宗教皆有不同闡述，諸如基督教的原罪說，人有帶罪的習性，所以必須懺悔；在佛教經典裡，也以心靈的八識田來描述，過去種種業力形成的習性種子儲藏在第八意識（阿賴耶識）中，這些種子遇緣受到第七識（末那識）的我執帶動，展現於前六識，包括眼識、耳識、鼻識、舌識、身識、意識，而形成一個人的特殊性格與作為。

不管是如何認知習性，任何宗教均有幾乎共同的準則來調整習性，現在略述如下：

一、遇過懺悔

在《心靈禮物的力量》一書裡面，作者克里斯多福提到：外在所呈現的事件，包括家庭、事業、財富的困擾，幾乎來自於心靈的投射，每件事的發生絕非出於偶然，卻是內在下意識心靈的信念所形成的意相。我們的一生幾乎都被內在的負面信念所操控（此與佛法的業力、因果、無明是互通的），因此解決問題之道不在外求而是內參，碰到不如意事先以懺悔。

只要誠心懺悔，可以讓情緒糾葛降低，甚至消滅。在佛教經典內

有所謂之：罪從心起將心懺，心若滅時罪亦亡，心滅罪亡兩俱空，是則名為真懺悔。

二、凡事感恩

在日本江本勝博士的實驗裡，他用感謝話語及謾罵話語針對來源相同的水，裝在不同水杯，講話及貼文，發現二者所呈現出的分子結構全然不同，接受到感恩的話語或貼文，呈現出規則狀的結晶形，相反地，接受謾罵的語話或貼文，反而是呈現出散亂的圖形。同樣地，在人際中於事情圓滿時，一定要以感恩心態表達對周遭之一切，因為沒有各項因緣之促成，是不可能成辦所有事情的，這樣的感恩意念會種下和諧的習性。

三、培養清淨心意

不只心要純靜、意念亦需淨化、不要染汙。有名的公案：「俞淨意公遇灶神記」當事人俞都是明朝人，自己本身自認行善功德樣樣有，然而卻遭到功名不濟，妻子不全，衣食不繼，責怪天理不公。每年除夕，書寫黃疏，稟告灶神，如真有神，請轉呈上帝，表明天理不公。後經灶神轉化為人，點醒俞君意惡太重，專務虛名、滿紙怨尤。

俞君後來痛改前非，一念一時，一言一行皆如鬼神在旁，不敢欺肆終達扭轉命運。透過對心念的觀察淨化而種下無雜染的習性。

四、發願行善

星雲大師一直在推動三好運動：身做好事，戒殺、戒盜、戒淫；

口說好話，戒妄語、戒兩舌、戒綺語、戒惡口；意存好心，戒貪、戒嗔、戒癡。培養對宇宙萬物的慈悲心與恭敬心。做任何事包括起心動念者不能愧對自己良心。

發願行善可以改善命運，過去「了凡四訓」公案即是一例，但行善切忌表功，徒好虛名，只要存好心念，行善濟人，必能改變周遭氣氛及扭轉命運。從類似這裡的三好四訓，我們可種下善業的習性種子。

任何人受到任何外境影響，必使習性現起。為改變習性情緒，要遇過懺悔，凡事感恩，培養清淨心意，再加上發願行善，必能達平和大愛，健康快樂，意境之幸福。

──刊載於《人間福報》2018 年 4 月 11 日，5 版，人間百年筆陣。

大悲懺法會。

C6 德高功高，德損功損

筆者過去曾在中國大陸參加學術研討會後，順道赴貴州拜訪一位友人口中的李老師。在李老師那不起眼的住處，親眼見到不尋常的事蹟：躺著的人經過他的意念治療竟然能走著出去，包括筆者在內的旁觀者，無不嘖嘖稱奇。李老師不是醫師，神奇的是他靠著默念所謂的六字真言——「唵嘛呢唄咪吽」就治好了患者的病，讓筆者感到十分好奇。隔天老師要讓筆者瞭解這種功能是可開發的，請來一位只是略懂英文字母的婦人，在筆者的測試下，她靜心打坐並默念六字真言，居然不看原文書可以說出筆者翻開的英文字母在哪一頁、哪一行。

近來在南華大學，也親自看到二位碩士班學生的實驗，一位是把具有能量的圖譜放在栽培蔬菜底下，發現蔬菜生長得特別茂盛；而另一位學生則是利用不同的音樂讓蔬菜聆聽，在長達一年的實驗發現：柔和的樂曲的確會使植物生命力增強，而快速搖滾的音樂反而會使蔬菜生長緩慢與凋萎。這些例子與筆者曾經談過的江本勝博士的水實驗，其實是同出一轍的：宇宙虛空的任何物質，能透過振動頻率產生內在能量的變化。

世間一切萬物，都具有質量、能量、訊息三大要素，質能之間可以相互轉化，全靠訊息，作為「催化劑」。在愛因斯坦的質能方程式內，已告知我們物質與能量可以相互轉化，而這個世界所有物體經過分析都是由不同振動頻率的旋轉粒子所組成，訊息本身就是頻率也是波動，具有能量。

在 1665 年荷蘭科學家 Christian Huygens 發現了共振原理。當兩種不同振動頻率相遇時，經過一段時間的相互影響，較高頻的能量會把低頻的能量提升，而達成共振的結果，而訊息所具有的精細能量同樣也會與其他的能量產生共振。

國內知名的生物物理博士王唯工教授，在他的《氣的樂章》一書中提到，身體的系統運作就是一種共振現象，人體中不斷的有交互的波在運轉，器官間皆以不同頻率的共振維繫著人體的運作，血液也是靠著共振波輸送到全身各個部位，其他如我們的深淺呼吸也會影響到心跳和腦波的變化。

科學家已經證實宇宙的振動本質，萬物均有一定的振動頻率，只要頻率相近的人事物就會相互吸引。坊間的音聲療法也是透過同樣的原理，透過聲音共振腦波，進而將腦波調整至一個穩定的頻率裡，人類的情緒與感受，即刻受到改變。

心理學家大衛‧霍金斯博士（David Hawkins）發現人體的身心健康狀態可以用身體的振動頻率來衡量。頻率愈高者，表示身心情況愈良好，而決定這個頻率的背後因子為人的意識。意識會影響情緒，而情緒又與健康有關。

在他的「情緒能量表」指出，當能量在 200 以下，表示當事者負面情緒較重，感覺憂慮、焦躁、仇恨、輕蔑、忿怒，自私情感較重；能量愈高者，表示無私無我，心中感受滿足與幸福。

很多學者發現「大愛」是人的生命意義本質，我執越少，心裡越

清淨，更容易進入所謂的鬆弛功態，再透過意念，所發出的振動頻率會增高，又當人體的小能場（或稱小宇宙）與宇宙能量這個大能場結合形成統一能場時，能發出的頻率更具影響力。根據李老師所稱：一般人的頻率為 180～240 次／秒，有特異功能者為 3,600 次／秒，要達到自在解脫者需達 74,364 次／秒以上，如要替人調理身體必須達到 1,240 次／秒以上。

一個人能量有多大，要看當事者本身身心清淨情形，及他／她無私無我行善功德的程度，這也是為什麼有些人持咒念佛或祈禱能夠產生巨大振動頻率影響周邊磁場的原因，此即所謂的「德高功高，德損功損」寫照。

近年來透過科學家量子力學的研究，已證明了意念透過振動頻率會改變世界的環境。因此，持心、純意、無我的三好（做好事、說好話、存好心）精神，已經不是只有表象的文字語言或宣導而已，而是可以使自己能量提升，改變周遭環境的關鍵作為。

——刊載於《人間福報》2019 年 07 月 31 日，5 版，人間百年筆陣。

附錄 二 林聰明校長——作者簡歷

　　出生於雲林縣台西海口村，別名明益，法名普清。擔任南華大學校長任內，積極推動三好運動（做好事、說好話、存好心）理念，以善心、善行、善念深耕於生命教育、環境永續、智慧創新與三好校園，更身體力行，將善良價值觀貫徹於整個校園文化，並從校園推廣到社會，同時持續改善，使得南華大學躋身全球百大綠色學校。

　　早年曾獲選為「中華民國十大優秀青年工程師」及獲頒教育部「一等教育文化專業獎章」，且因長期關注地球暖化、推動身心靈環保、蔬食愛地球及永續發展等議題，獲得聯合國氣候變遷框架公約會員國頒發「全球永續發展英雄獎」，並榮獲環境部「環境保護專業獎章榮譽獎章」、教育部「生命教育特殊貢獻獎」、「生命教育終身奉獻獎」等殊榮，並帶領南華大學獲得國家環保獎 3 屆金質獎、2 屆巨擘獎。

現任
南華大學名譽校長、佛光山教團系統大學副總校長

學歷

- 美國克萊門森大學工業管理博士（輔修系統工程）
- 美國東新墨西哥大學企業管理碩士（輔修會計）
- 國家策略研究班
- 瑞士國際管理學院製造策略班
- 英國倫敦大學倫敦管理學院高階決策管理班
- 英國倫敦大學倫敦政經學院訪問學者
- 蒙古奧特根騰格爾大學榮譽博士

經歷

- 南華大學校長
- 教育部常務、政務次長
- 國立雲林科技大學校長
- 行政院勞工委員會職業訓練局局長
- 教育部技術及職業教育司司長
- 行政院環境保護署廢棄物管理處處長、環境監測及資訊處處長
- 國立臺灣科技大學教授、系主任、訓導長
- 國立臺灣大學兼任教授
- 台塑美國利國公司總經理特別助理
- 經濟部科技顧問
- 考試院典試委員
- 國際技能競賽組織行政委員會副主席
- 經濟部所屬事業經營績效獎金政策因素審議會召集人兼審議委員

- APEC 人力資源組產業技術小組國際召集人、中華民國代表
- 中國青年創業協會顧問
- 國立大學（含科技大學）各項評鑑委員
- 國內大學多校校長遴選委員會委員

與會參與

- 臺灣綠色大學聯盟理事事長（2019/8 ～ 2021）
- 財團法人行天宮文教發展促進基金會董事（2018/9 ～迄今）
- 中華生命電磁科學學會理事長（2018/4 ～ 2022/10）
- 財團法人技專校院入學測驗中心董事長（2016/9 ～迄今）
- 中華綠文化協會理事長（2013/8 ～ 2018/7）
- 中華工程教育學會（IEET）理事長、主任委員（2017/08 ～ 2021/8）
- 彰雲嘉大學校院聯盟理事長（2014/10 ～ 2016/10）
- 中華民國管理科學學會常務理事
- 中國工業職業教育學會名譽理事
- 嘉義縣、嘉義市、雲林縣政府縣政顧問
- 亞洲太平洋工業工程與管理學會（APIEMS）理事長（2007 ～ 2008）
- 獲選擔任 APIEMS 理事長（2007 ～ 2008）
- 中華決策科學學會第四屆理事（2006/7 ～ 2008/6）
- 中華民國技職教育學會第四屆理事長（2006 ～ 2008）
- 國際創新創業發展協會第一屆理事長（2006 ～ 2008）
- 擔任 APIEMS 準理事長（2005 ～ 2006）
- 擔任 APIEMS2005 年年會聯席主席

- 國際就業安全協會中華民國總會理事長（1995～2003）
- 擔任中華人力資源發展學會理事長（2002～2006）
- 擔任 2002 年 PECC 人力資源任務發展小組國際協調人
- 擔任 1999 年國際技能競賽組織行政委員會副主席
- 曾任 APEC 人力資源組產業技術我國代表人及國際協調人
- 曾任中國工業工程學會理事長、監事主席
- 曾任中華人力發展學會理事長、中華民國原始生活教育學會理事長
- 曾任中華民國管理科學學會理事兼管理顧問委員會主委
- 曾任中國工程師學會建教合作委員會主任委員
- 曾任中國工業職業教育學會理事長

榮譽

- 教育部 113 年生命教育終身奉獻獎（2024）
- 雲林縣政府第一屆榮耀雲林典範獎（2023）
- 帶領南華大學榮獲教育部友善校園獎——卓越學校獎（2023）
- 美國德保羅大學《自然醫學》聯合頒證國際社會服務獎（2023）
- 帶領南華大學榮獲國家企業環保金獎、巨擘獎（2019～2023）
- 社團法人中國工業工程學會終身成就獎（2022）
- 環境部 110 年「環境保護專業獎章榮譽獎章」（2021）
- 教育部 110 年「生命教育特殊貢獻獎」（2021）
- 中華民國品質學會榮譽會士證書（2020）
- 中華民國斐陶斐榮譽學會榮譽會員（2020）
- 中華孔孟協會大孝獎（2019）

‧中華品德教育學會第一屆善德獎（2019）

‧帶領南華大學榮獲國家品質獎──永續發展典範獎（2018）

‧帶領南華大學榮獲國家永續發展獎（2017）

‧帶領南華大學榮獲教育部頒發「藝術教育貢獻獎」（2017）

‧教育部全國生命教育行政績優人員獎（2015）

‧亞洲太平洋工業工程與管理學會（APIEMS）「Fellow」（2013）

‧教育部一等教育文化專業獎章（2013）

‧聯合國氣候變遷框架公約會員國「全球永續發展英雄獎」（2012）

‧中華民國技職教育學會頒發技職教育終身榮譽獎（2011）

‧中華民國管理科學學會李國鼎管理獎章（1995）

‧中國工程師學會十大優秀工程師（1983）

作品與發表

‧《源‧緣‧圓：一位校長的生命與永續印記》（2025）

‧《喜繪生命的彩虹》（2009）

‧《人間福報》專欄文章

‧發表國內外重要期刊及研討會論文等計 15 餘篇論著

附錄／三

林聰明校長──生平大事記

（年代時間依序呈現）

1949 年──出生於雲林縣台西鄉海口村

1973 年──赴美國深造
美國東墨西哥大學企業管理研究所碩士
美國南卡羅來納州克萊門森大學工業管理研究所博士

1977 年──台塑波多黎各利國公司總經理特別助理

1979 年──國立臺灣工業技術學院副教授、教授（含借調四年／
1979/8 ～ 1991/9）

1980 年──國立臺灣工業技術學院訓導長、工業管理技術系系主
任（1980/8 ～ 1986/7）

1984 年──經濟部兼任經濟部科技顧問（1984/1 ～ 1987/9）

1985 年──國立臺灣大學兼任教授（1985/8 ～ 1997/7）

1987 年──行政院環保署借調擔任環境監測及資訊處處長
（1987/9 ～ 1988/8）

1987 年──赴英國倫敦大學擔任訪問學者（1987/1 ～ 1987/9）

1988 年 —— 行政院環保署廢棄物管理處處長（1988/8 ～ 1989/8）

1989 年 —— 教育部技職司司長（1989/9 ～ 1994/7）

1991 年 —— 國立臺灣科技大學兼任教授（1991/9 ～ 2001/7）

1994 年 —— 銜命接掌勞委會職訓局局長（1994/8 ～ 2001/7）
獲頒「行政院革新楷模獎」及「行政院模範優秀公務
人員獎」

2001 年 —— 國立雲林科技大學校長（2001/8 ～ 2009/2）

2009 年 —— 教育部常務次長（2009/2 ～ 2009/9）
教育部政務次長（2009/9 ～ 2013/1）

2012 年 —— 獲頒聯合國氣候變遷框架公約會員國
「全球永續發展英雄獎」

2013 年 —— 1 月 16 日自教育部政務次長退休
1 月 21 日擔任南華大學校長（2013/1 ～ 2024/5）

2021 年 —— 獲頒教育部「生命教育特殊貢獻獎」
獲頒環境部「環境保護專業獎章榮譽獎章」

2024 年 —— 卸任南華大學校長職務
5 月擔任南華大學名譽校長、佛光山教團系統大學副
總校長
獲頒教育部「生命教育終身奉獻獎」

國家圖書館出版品預行編目 (CIP) 資料

源・緣・圓：一位校長的生命與永續印記 / 林聰明
作 . -- 第一版 . -- 臺北市：博思智庫股份有限公司，
2025.1 面；公分

ISBN 978-626-98563-5-0 (平裝)

1.CST：林聰明 2.CST：校長 3.CST：自傳

783.3886   113015018

GOAL 45

源・緣・圓 一位校長的生命與永續印記

作　　　者｜林聰明
書法題字｜蕭素惠
照片提供｜林聰明、蕭素惠、財團法人佛光山文教基金會
主　　　編｜吳翔逸
執行編輯｜陳映羽
專案編輯｜吳吳明
美術主任｜蔡雅芬

發 行 人｜黃輝煌
社　　　長｜蕭艷秋
財務顧問｜蕭聰傑
出 版 者｜博思智庫股份有限公司
地　　　址｜104 臺北市中山區松江路 206 號 14 樓之 4
電　　　話｜(02) 25623277
傳　　　真｜(02) 25632892

總 代 理｜聯合發行股份有限公司
電　　　話｜(02)29178022
傳　　　真｜(02)29156275

印　　　製｜永光彩色印刷股份有限公司
定　　　價｜350 元
第一版第一刷　西元 2025 年 1 月

ISBN 978-626-98563-5-0
© 2025 Broad Think Tank Print in Taiwan

博思智庫股份有限公司

博思智庫粉絲團　Facebook.com/broadthinktank